Straßburg

Susanne Tschirner

DUMONT direkt

Inhalt

Die Ponts Couverts vom Barrage Vauban gesehen

Bienvenue

Zu Gast in Straßburg

Übernachten

Essen & Trinken

Einkaufen

Ausgehen

Unterhaltung

Unterwegs mit Kindern 77

12 Highlights

Inhalt

20 Reisetipps Straßburg

Straßburg im Internet

Allgemeines

Länderkennung ist .fr

Hauptsprache der Websites ist natürlich Französisch, doch haben nahezu alle Hotels, Restaurants und Tourismusseiten eine deutsche und/oder englische Version.

Beim Schreiben französische Akzente weglassen, also nicht ›pêche‹ oder ›à‹, sondern ›peche‹ und ›a‹ eingeben. Nützlich sind die französischen ›Gelben Seiten‹, **www.pagesjaunes.fr,** wo man nach Kategorien, Namen, Orten, Adressen suchen kann.

www.ot-strasbourg.fr

Offizielle Homepage des Office de Tourisme, auch auf Deutsch. Online-Buchung für Hotels, Anreise, Verkehrsmittel, Museen, Theater, Ausgehen, Gastronomie u. v. m. – sehr nützlich und übersichtlich aufgemacht.

www.strasbourg.com

Konzipiert vom kommerziellen Anbieter Strasbourg online, Sonderangebote für Hotels mit online-Buchung, Infos zu Museen, Europa, Gaststätten, Verkehr, Shopping, Dienstleistungen und Ausflügen. Nicht vollständig, aber nützlich, auch auf Deutsch.

www.strasbourg.fr

Nützliche Homepage der Stadtverwaltung, auf Französisch: Veranstaltungskalender, Transport (›se deplacer‹), Kultur, städtisches Leben und Neuigkeiten, Tourismus, Wetter.

www.musees-strasbourg.org

Offizielle Website der Straßburger Museen mit den aktuellen Ausstellungen, Veranstaltungen, Kinderprogrammen, Öffnungszeiten etc. Auf Französisch.

www.tourisme-alsace.com

Schön gemachte Hauptwebsite des elsässischen Tourismusvereins, auch auf Deutsch (die vielen Links sind dann wieder auf Französisch). Sonder- und Pauschalangebote, ein Tages- und Jahresveranstaltungskalender, ausführliche Informationen zu allen Sportarten, zu Kultur, Gastronomie, Unterkunft, Führungen und Adressen der Tourismusvereine.

www.europarl.eu.int

Website des Europäischen Parlaments mit allen Projekten, Sitzungen etc. in sämtlichen Sprachen der EU.

www.dna.fr

Internetausgabe der größten elsässischen Zeitung ›Dernières Nouvelles d'Alsace‹, Straßburg-zentriert und hauptsächlich fürs Département Bas-Rhin, Aktuelles aus aller Welt, aus Frankreich und aus der Region, Veranstaltungshinweise, Wetterbericht. Auf Französisch.

www.vinsalsace.com

Offizielle Website der Winzervereinigung, mit Infos zu Weinlehrpfaden, Winzerarbeit und -methoden, Güteklassen und Rebsorten, Veranstaltungen, Winzersuchmaschine, E-Mailadressen von Winzern, auch auf Deutsch.

www.cr-alsace.fr

Website des Regionalrats mit aktuellen Bildchen, Infos zu Geschichte, Verwaltungsaufbau, Politik, Tourismus, Leben im Elsass, Investieren im Elsass, auch auf Deutsch.

www.meteo.fr

Das Wetter, auf Französisch.

Bienv

Auf den ersten Blick eine Idylle: bunt herausgeputzte Fachwerkfassaden, rustikale Gemütlichkeit im warmen Lampenlicht der Winstubs, adrette Folklore unter der Elsässerhaube, Knuddelstörche … Aber Straßburg ist mehr als das: Ein Hot Spot der zeitgenössischen Kunst, eine Hochburg der ›pochoirs‹, der Schablonengraffiti, eine brodelnde Studentenstadt, vor deren Toren in ›Euro-City‹ an der europäi-

enue

schen Einheit und beim Weltkonzern Aventis an der Biochemie der Zukunft gearbeitet wird. Die traditionsreiche Stadt am Flüsschen Ill vereint diese Gegensätze so mühelos, wie ihre Bewohner vom Französischen ins Deutsche oder – lieber noch – in den alten elsässischen Dialekt wechseln: In Straßburg ist die Welt zuhause und macht es sich gemütlich.

Willkommen

Futuristische Architektur im Europa-Viertel

Über den Dächern von Straßburg

Wie »auf einer Montgolfiere in die Luft erhoben« fühlte Goethe sich, als er während seiner Studienzeit in Straßburg auf die höchste Spitze des Münsterturms kraxelte, um sich die Höhenangst abzugewöhnen. Solch ein Freeclimbing ist heute nicht mehr erlaubt, schon aus Rücksicht auf die bröckelnde Bausubstanz. Aber auch der heute mögliche Aufstieg auf die Plattform unterhalb des Turms ist eine ziemlich sportliche Angelegenheit. Die 332 Stufen oder 66 m kosten Puste, und von der eng gewundenen Wendeltreppe bekommt man einen Drehwurm. Das Maßwerk der Außenmauer, eine viel zu dünne, löchrige Membran zum Abgrund hin, scheint nur aus Lücken zu bestehen, durch die der Wind pfeift – wirklich nichts für Höhenphobiker.

Aber dann: Vom Münstervorplatz steigen die Stimmen der Reiseführer und Touristengruppen, Kinderjuchzen, die Lockrufe der afrikanischen Straßenhändler und hin und wieder ein verirrter Küchenduft herauf.

Von der mittelalterlichen Altstadt zur Euro-City

Wie ein rötlich-braunes Meer aus Biberschwanzpfannen wogt die Dachlandschaft der Altstadt unten – spitze, steile Dächer, gespickt mit Schornsteinen und kleinen Gaubenfenstern. Die schmalen, von alten Fachwerkhäusern gesäumten Gassen der Altstadt bis hin zur Petite France, dem Straßburger Venedig, sind neben dem Münster die Hauptsehenswürdigkeit der elsässischen Metropole und wurden von der Unesco als Weltkulturerbe klassifiziert. Nach Süden, hinter den bunten Fachwerkhäusern am Ill-Kai, liegt die Krutenau, Straßburgs unspektakuläres, sympathisches Künstler- und Kneipenviertel, dessen Ursprung im späten Mittelalter liegt.

In der nördlichen Innenstadt weist das rechtwinklig angelegte Straßennetz auf seine Entstehung im 17. Jh. hin, als Straßburg zu Frankreich kam und sich mit Adelspalais im Pariser Stil schmückte. Und im Nordosten, jenseits der Prachtboulevards und weiten Plätze der nach 1870 gebauten wilhelminischen Neustadt, schimmert der Glaspalast des Europa-Parlaments im Großstadtdunst. ›Alcatraz‹ nennen die Straßburger ihn ironisch.

So kann man von der Münster-Plattform aus im visuellen Parforceritt über Straßburgs Stadtviertel hinwegfliegen. Mittelalterliche Altstadt und Europaviertel mit Blick ins neue Jahrtausend, verwinkelte Fachwerkgemütlichkeit und moderne Funktionalität sind die Koor-

Fachwerkidylle im Viertel Petite France

dinaten, zwischen denen Straßburgs Identität schillert.

An der ›Kreuzung Europas‹

›Carrefour de l'Europe‹, Ort der europäischen Begegnung oder, wörtlich übersetzt, ›Kreuzung Europas‹, nennt sich die gut eine Viertel Million Einwohner zählende Hauptstadt des Elsass. An dieser Kreuzung ging es in der Vergangenheit nicht immer friedlich zu. Straßburg und das Elsass waren lange Zeit Zankapfel der beiden konkurrierenden Rhein-Anlieger-Staaten Deutschland und Frankreich.

Heute, in einem Europa der Regionen, werden die doppelten kulturellen Wurzeln und die Zweisprachigkeit (wenn man die elsässische Mundart dazuzählt, Dreisprachigkeit) allmählich wieder als Vorteil verstanden. Tausende Pendler, grenzüberschreitende Festivals und Kulturarbeit, zweisprachige Kindergärten, eine Renaissance der Mundart und das ›Office du Bilinguisme‹ sind Indizien dafür, dass der Ausschließlichkeitsanspruch einer Kultur der Vergangenheit angehört.

Jean Hans, derselbe Vorname in beiden Sprachen, nannte sich einer der großen Verfechter dieser bilingualen Kultur: der in Straßburg geborene Künstler Jean Hans Arp (1887–1966). Und ›Monsieur l'Europe‹ Pierre Pfimlin (1907–2000), glühender Verfechter des europäischen Einheitsgedankens und Präsident des Europa-Parlaments, hat lange Jahre, 1959–83, als Bürgermeister von Straßburg das Europa-Gesicht der Stadt entscheidend geprägt.

Katzensprünge im Unesco-Weltkulturerbe

Überschaubar bleibt Straßburg auch für den, der sich von der Münster-Plattform wieder auf den Boden der Tatsachen begibt. In maximal fünf Minuten Fußmarsch vom Münster sind die wichtigsten Museen zu erreichen: Musée de l'Œuvre Notre-Dame und die Museen des Palais Rohan direkt am Platze, einen Katzensprung entfernt an der Ill Musée Historique und Musée Alsacien. Nur für das Musée d'Art Moderne, eins der größten französischen Kulturprojekte der letzten Jahre, muss man noch einmal zehn Minuten dranhängen.

Den Innenstadtbereich, ein annähernd eiförmiges Gebiet von fast kleinstädtischen Dimensionen, das von der Ill und dem Fossé du Faux Rempart umflossen wird, erschließt man sich also bequem zu Fuß. Und nur zu Fuß entdeckt man die versteckten Schönheiten und Kuriositäten der Stadt, die geschnitzten Eckbalken und alten Hauszeichen über den Türen, das Antiquariat hinter dem verschnörkelten Rokoko-

Bilderbuch-Elsass bei der Maison des Tanneurs

portal, die vielen modernen Kunstwerke, schicken Boutiquen, edlen Feinkostläden. Selbst vom Münster bis ins Europa-Viertel braucht man nicht länger als eine knappe Dreiviertelstunde.

Unterwegs mit Rad und Tram

Wem das zu lang erscheint, der kann von den Segnungen der ›Fahrradmetropole Frankreichs‹ profitieren: von den preiswerten Verleihstationen der ›vélocation‹ und einem ausgedehnten Fahrradwegenetz. Unter den Bürgermeistern von Catherine Trautmann bis Fabienne Keller wurde und wird die Fahrradförderpolitik großgeschrieben. Eine Fahrradstreife der Polizei radelt in blauem, sportivem Dress durch die Stadt, und selbst die Europa-Parlamentarier treten immer häufiger in die Pedale. Ein eigens für sie konstruierter Fahrradbus mit Leihrädern wird ihnen in den Sitzungswochen vors Parlament gekarrt.

Die ultramoderne Tram, elektrisch und superleise, präsentiert an ihren Haltestellen Säulen des Designers Jean Michel Wilmotte, geschmückt mit Wortkunst der Künstlergruppe Oulipo. Und auch die weiträumige Fußgängerzone im Innenstadtbereich trägt zu dem umweltfreundlichen, weltoffenen Gesicht bei, das die Stadt ihren Besuchern zeigt.

Nicht nur Kultur

Was die wenigsten wissen: Straßburg bietet eine breite Palette von Möglichkeiten, sich den Speck des städtischen Wohlstandslebens abzutrainieren – Eislaufen, Golfen, Steilwandklettern, Saunen im Jugendstil-Bad. Und wenn die Kids zwischen Münster-Besichtigung und Museumsbesuch quengeln, können ihre Eltern sie mit Bötchentouren, Minizug-Fahrten und jede Menge kindgerechten Attraktionen ködern.

Wenn selbst die Eltern vor dem Kulturangebot zu kapitulieren drohen, hilft nur noch eins: Shoppen. Es gibt nichts, was es in den Ramschkisten der Flohmarkthändler oder in den halogendurchfluteten Edelstahltempeln der Modedesigner nicht gibt.

Schattenseiten

Auch in der Europa-Stadt ist nicht alles Gold, was glänzt. Zur Rushhour stirbt die Stadt trotz aller Fahrradfreundlichkeit regelmäßig am Verkehrsinfarkt. Und in den ›heißen Vierteln‹ der Vorstädte Cronenbourg, Elsau oder Neuhof, in den berüchtigten Ghettos der *banlieue*, sind nächtliche Gewaltorgien, Jugendbanden und Drogenmissbrauch an der Tagesordnung. Die daraus erwachsenden Erfolge des rechtsextremen Front National in der Region Elsass stoßen der tradionell eher liberalen bürgerlichen Elite der Regionalhauptstadt sauer auf.

Ausgerechnet unter dem sozialistischen Bürgermeister Roland Ries wurde 2000 die Videoüberwachung in öffentlichen Verkehrsmitteln, Plätzen und Schulen beschlossen. Mittlerweile wachen die elektronischen Augen auf öffentlichen Plätzen, in Bussen und Schwimmbädern, was indes die wenigsten Straßburger zu stören scheint.

Gourmettempel und Winstubs

Doch abgefackelte Autos sind nicht das, woran man bei Straßburg zuerst denkt. Vielmehr Gänseleberpastete, knackig-würziges Sauerkraut und gemütliche Winstubs mit viel Holz und rot karierten Tischdecken. Nicht zuletzt auf kulinarischem Sektor erweist sich Straßburg als wahrhaft ›multikulti‹, denn schon früh, vom 17. Jh. an, sind deutsche und französische Küche auf dem Boden der Europa-Stadt eine fruchtbare Synthese eingegangen. Heute kochen Meister aus aller Herren Länder von Japan bis Algerien für die ausgehfreudigen Straßburger und ihre Gäste.

In kaum einer anderen Stadt wird man auf so gute und so vielfältige Weise satt: Die Spesenritter des Eurotrosses halten ihre *dîner-débats* bevorzugt in den feinen Gourmettempeln der Ill-Stadt ab, obwohl der Michelin-Sternenhimmel über Straßburg im Augenblick ziemlich dünn besät ist.

Die Straßburger selbst – oder ausländische Staatsoberhäupter wie Gorbatschow und Jelzin, denen man Landestypisches kredenzen möchte – treffen sich gern in den urigen Winstubs. Hier tafelt man deftig und für das generell hohe Preisniveau der Stadt verhältnismäßig preiswert.

Und die 35 000 Studenten und zahlreichen jungen Besucher haben dafür gesorgt, dass es ein ausgezeichnetes Ess-Angebot im unteren Preissegment sowie eine coole Ausgehszene mit Kinos, Studentenkneipen, Clubs, Terrassencafés und Discos gibt. Ein »heiteres lustiges Leben« versprach sich ihr illustrer studentischer Vorgänger Goethe von Straßburg. Wie so oft bei Johann Wolfgang eine zeitlose Wahrheit.

Straßburg in Zahlen

Einwohner: Ca. 265 000 in der Stadt, ca. 430 000 im Großraum.

Wirtschaft: Straßburg ist das kulturelle und wirtschaftliche Zentrum der Region, Hauptstadt der Region Alsace und des Départements Bas-Rhin.

Institutionen: Straßburg ist Sitz der Elite-Verwaltungshochschule ENA sowie renommierter wissenschaftlicher Institutionen wie dem Centre National de la Recherche Scientifique. Nach Paris ist es Frankreichs zweitgrößte Kongressstadt, die Universität hat internationales Renommee.

Europäische Institutionen: Europa-Parlament, Europa-Rat, Europäischer Gerichtshof für Menschenrechte.

Geschichte

Traditionelle Keramik

ca. 1000 v. Chr.	Obwohl die Gegend um Straßburg schon früher besiedelt ist, stammen die ersten archäologischen Funde aus der späten Eisenzeit; ein idealer Siedlungsort: am Zusammenfluss von Ill und Bruche und an der Kreuzung der Nord-Süd- und Ost-West-Verkehrswege gelegen, beherrscht er den Rheinübergang.
12 v. Chr.	Der römische General Drusus gründet das Kastell Argentorate auf sumpfigem Gebiet; der Name kommt aus dem Keltischen und bedeutet ›Wasserfestung‹ – die mittelalterliche Ableitung von *argentum* (›Silber‹) ist nett, aber falsch.
451	Attilas Hunnen zerstören die Stadt. Unter den Franken entsteht das neue Stratiburg, die ›Burg an den Straßen‹.
842	Die feindlichen Brüder Ludwig der Deutsche und Karl der Kahle schwören sich die Straßburger Eide, Ludwig in Altfranzösisch und der ›Franzose‹ Karl in Althochdeutsch.
10. Jh.	Der Fürstbischof baut mit Unterstützung des deutschen Kaisers, des Lehnsherrn von Elsass und Straßburg, seine Herrschaft in der Stadt aus.
1262	Patriziat und Bürger besiegen Bischof Walter von Geroldseck in der Schlacht von Oberhausbergen.
14. Jh.	Kämpfe zwischen Patriziat und Zünften führen zu einer Stadtrepublik mit Verfassung (›Schwörbrief‹); Straßburg wird Freie Reichsstadt unter dem Schutz des Kaisers.
1362	Straßburger Bürger, allen voran die Metzgerzunft, ermorden 2000 Juden – einer der schlimmsten Pogrome des europäischen Mittelalters.
1444	Johannes Gutenberg soll hier den Buchdruck erfunden haben.

1530	Martin Bucer verfasst das Straßburger Glaubensbekenntnis.
1621	Aus der 1538 gegründeten Hochschule des Humanisten Johannes Sturm geht die Universität hervor.
1681	Truppen Ludwigs XIV. erobern die Stadt – Straßburg wird französisch. Universität und kosmopolitische Atmosphäre ziehen im 18. Jh. viele Geistesgrößen an, u. a. Goethe und Herder.
1789	Revolution und Guillotine ziehen in die Stadt ein, die der Kollaboration mit dem deutschen Feind verdächtigt wird; die Kathedrale bekommt eine gigantische Jakobinermütze aufgesetzt.
1870	Deutsche Truppen bombardieren Straßburg, das nach der Kapitulation Hauptstadt des ›Reichslandes Elsaß-Lothringen‹ wird. Nach dem Ersten Weltkrieg wird das Elsass wieder französisch.
1940–44	Nationalsozialisten annektieren das Elsass; Truppen des Generals Leclerc befreien die Stadt.
1949	Straßburg wird Sitz des Europarats und 1958 neben Brüssel Tagungsort des Europa-Parlaments, dessen erste Sitzung 1977 stattfindet.
1992	Der deutsch-französische Kultursender ›arte‹ bezieht sein Studio in der Rue de la Fonderie.
1998	Das Musée d'Art Moderne et Contemporain wird eröffnet.
1999	Nach der Fertigstellung des neuen Europa-Parlaments Louise Weiss ziehen über 600 Parlamentarier in ihr neues Domizil.
2001	Bei den Kantonal- und Kommunalwahlen wird Fabienne Keller von der rechtsliberalen UDF neue Bürgermeisterin von Straßburg. Immer mehr Überwachungskameras werden in Bussen, Straßen, öffentlichen Gebäuden und sogar auf dem Weihnachtsmarkt installiert.
2003	Tomi Ungerer bekommt im Europarat den Erich-Kästner-Preis verliehen. Jutta Limbach sagt in ihrer Laudatio, Ungerer wie Kästner liebten »die herzliche Satire und die ironische Idylle«.
2007	Mit der Wiedereröffnung des Musée Historique und der Neueröffnung des Tomi Ungerer-Museums erhält die Straßburger Museumslandschaft weitere Highlights.

Gut zu wissen

Arbeitspause im Europäischen Parlament

Anrede

Franzosen pflegen im Alltagsumgang eine ungleich größere Höflichkeit als in Deutschland üblich. Um nicht gleich Minuspunkte als grober Sprachbarbar zu ernten, sollte man zur Standardbegrüßung ›Bonjour‹, ›Au Revoir‹ und ›Merci‹ stets ein höfliches ›Madame‹ bzw. ›Monsieur‹ hinzufügen. Bei jungen Mädchen kommt auch ein Mademoiselle gut an.

Chic

An Gesundheitsschuhen und Wanderjacke erkennt man meist deutsche Touristen in Straßburg. Wer sich ›unauffälliger‹ bewegen möchte, sollte sich auf modernen City-Chic verlegen. Vor allem in den guten Gourmet-Restaurants kann man sich ruhig etwas feiner anziehen: Sakko und Krawatte sind nicht ungewöhnlich.

Complet

›Ausgebucht‹ – das bekommt man vor allem in jener einen Woche pro Monat zu hören, in der das Europa-Parlament in Straßburg tagt. Am besten beim Office de Tourisme nachfragen, wann die Sitzungswochen sind, alternativ kann man unter www.strasbourg.com/hotels nachsehen. Seit 2000 ist Freitag kein Sitzungstag mehr, am Wochenende hätte man also mehr Glück – wenn da nicht die vielen anderen Touristen wären. Fazit: Am besten so früh wie möglich reservieren!

Internet-Cafés

Viele Hotels und auch die Jugendherbergen haben zumindest einen Internetanschluss im Gemeinschaftsraum. Ein Hotel, das Hotel-le-21ième (s. S. 29), bietet sogar auf jedem Zimmer die Möglichkeit, sich ins weltweite Netz einzuloggen.

Kombitickets

Strasbourg-Pass: Den 3 Tage gültigen Pass (11,40, Kind 5,70 €) gibt es beim Office de Tourisme. Er umfasst freien Besuch eines Museums, Aufstieg zur Münsterplattform, Bootsrundfahrt, Besichtigung der Astronomischen Uhr sowie halben Preis für ein zweites Museum, Minizug-Rundfahrt, Fahrrad für einen halben Tag, Stadtführung, Besuch von Vaisseau und Naviscope.

Pass musées: 6 € für einen Tag, 8 € für drei Tage, 20 € für ein Jahr – da ein Museum schon 3–5 € kostet, eine gute Sache für jeden Kulturinteressierten. Erhältlich in den Museen.

Kostenlos: Museumseintritt für alle an jedem ersten So im Monat; jederzeit für Leute unter 18 Jahren, für Behinderte sowie Kunst- und Kunstgeschichtsstudenten.

Kühltasche

Fürs Gourmet-Shopping empfiehlt sich die Mitnahme einer Kühltasche, denn frische Gänseleber, Knacks und die würzigen Käse sind leicht verderblich.

Kurzbesuch

Angenommen, Sie haben nur zwei Tage ... Sehen sollten Sie Münster und Kathedralplatz, Musée d'Art Moderne und Europa-Parlament. Einmal durch die Petite France schlendern und eine Bötchen-Tour machen (ersatzweise am Ill-Ufer vom Pont du Corbeau bis zum Pont St-Guillaume spazieren). In einer Winstub essen, in der Innenstadt oder im Leckereien-Eldorado Kirn shoppen gehen.

Oberrheinischer Museumspass

Mit dem Oberrheinischen Museumspass kommen Sie in 170 Museen, Schlösser, Klöster und Gärten im Elsass (z. B. in fast alle Straßburger Museen), in Deutschland und in der Schweiz. Es lohnt sich bei längerem oder mehrfachem Aufenthalt. Für ein Jahr kostet er 61 € (98 CHF) für einen Erwachsenen plus 5 Kinder bis 16 Jahre oder 106 € (172 CHF) für 2 Erwachsene. 4 frei wählbare Tage innerhalb eines Monats kommen 30 € (49 CHF) für einen Erwachsenen.

Parken

In Straßburg sollte man sein Auto im Parkhaus abstellen, im Auto jedoch nichts liegen lassen. Parkleitsystem: Die vielen ›Parkings‹ sind von den Einfallstraßen, die man von den Autobahnausfahrten erreicht, in Richtung Innenstadt als voll *(complet)* oder frei *(libre)* ausgeschildert. Innenstadtnah und relativ preiswert – 24 Std. 9 € – ist **Parking Austerlitz** an der Place d'Austerlitz (20–2 Uhr gratis). Im **Parking Ste-Marguerite-Petite France,** Quai Bloch, kosten 6 Std. 2,80 €, inkl. Transfer mit kostenlosem Elektrobus zur Innenstadt.

Hotels haben oft Sonderkonditionen für das nächste Parkhaus. Info Parcus für Parken in Straßburg: Tel. 03 88 30 67 75, www.parcus.com.

Preisniveau

Straßburg ist im Vergleich mit anderen deutschen und französischen Städten eine recht teure Stadt, wofür die Euro-Parlamentarier samt Lobbytross und die Beliebtheit der Stadt bei Touristen aus aller Welt sorgen.

Preisbeispiele: Flammkuchen gibt es ab 5,90 €. In der Winstub lässt man für ein 3-Gang-Menü ca. 25 €. Spitzenköche wollen für ihre Mehrgangmenüs 40 bis über 100 € haben.

Rauchen

In Frankreich ist es seit 1992 bei Strafandrohung bis zu 198 € verboten, in öffentlichen Räumen zu rauchen. In den Restaurants gibt es ausgewiesene Nichtraucher-Zonen – bei der Reservierung gibt man an, ob man ›fumeur‹ oder ›non-fumeur‹ sitzen will.

Reisezeit

Straßburg hat immer Saison. In der Hochsaison in Juli/August kann man auf dem Münsterplatz kaum noch treten. Auch die Vorweihnachtszeit mit dem Weihnachtsmarkt wird bei Reisenden immer beliebter. Am angenehmsten sind Reisen im Frühjahr und Herbst.

Regentage

Ideal für einen Regentag ist der Besuch des Musée d'Art Moderne am Rande der Petite France. Die hohen, hellen Hallen heben die Stimmung, und vom Café hat man einen phantastischen Blick über Straßburg. Alternativ kann man einen solchen Tag auch im Schwimmbad verbringen, etwa in den schönen Bains Municipaux (s. S. 81).

Sicherheit

Man sollte nie, vor allem auf den Parkplätzen bei den wichtigeren Sehenswürdigkeiten, etwas im Auto liegen lassen. Im Gedränge rund um die Kathedrale operieren häufig Taschendiebe. Ansonsten sind die Innenstadt und das Europaviertel, wo man sich als Tourist in der Regel aufhält, relativ sicher. In Vorstadtvierteln wie Elsau, Hautepierre oder Neuhof mit hohen Arbeitslosenquoten, hoher Kriminalität und Jugendbanden gibt es für Besucher ohnehin nichts zu sehen. In diese berüchtigten *quartiers chauds,* die ›heißen Viertel‹, traut sich selbst die Polizei nicht gern hinein.

Souvenirs

Neben Wein kann man sich leckere Obstbrände (Kirsch!) und Bier aus den Straßburger Delikatessenläden oder den Feinkostabteilungen der Kaufhäuser mitbringen. Munster- oder Schafskäse sowie auch viele köstliche Wurstwaren kann man sehr gut auf den Wochenmärkten einkaufen. Die berühmte Gänsestopfleber bekommt man in guten *boucheries* oder *charcuteries*. Beliebte Mitbringsel sind die Töpferwaren aus den Töpferdörfern Betschdorf (hauptsächlich graue Keramik mit blauen Mustern) und Soufflenheim (bunt glasierte Ware, die man in Ofen und Mikrowelle stellen kann). Wer ›klassische‹ Souvenirs in der Form von Knudelstörchen oder Minimodellen der Kathedrale bevorzugt, findet in den Souvenirläden rund um Letzere ein reichhaltiges Angebot.

Sprache

Deutsch sprechen viele Straßburger, vor allem die im Fremdenverkehr Tätigen sowie die ältere Generation. Doch selbst wenn Sie nur wenig Französisch sprechen, empfiehlt es sich, dies zuerst anzuwenden und zu fragen, ob der Gesprächspartner Deutsch spricht oder sprechen möchte. Gemeinhin wechseln die Straßburger jedoch bereitwillig in das ›teutonische‹ Idiom. Wer einen Dialekt der benachbarten deutschen Regionen spricht, kann sich unter Umständen im zur alemannischen Sprachfamilie gehörenden Elsässisch verständigen und so dicke Pluspunkte sammeln. Bei den Speisekarten gibt's keine Probleme, denn die sind für gewöhnlich zweisprachig.

Strom

Da deutsche Stecker, vor allem Schuko-Stecker nicht immer passen, ist ein dreipoliger Adapter (am besten ein so genannter Euro- oder Welt-Stecker) nützlich. Man erhält ihn in Haushaltswarengeschäften.

Tisch bestellen!

Fürs Diner empfiehlt es sich bei den meisten Winstubs, ein paar Tage vorher einen Tisch zu bestellen, für Top-Restaurants wie ›Buerehiesel‹ oder ›Au Crocodile‹ gar mehrere Wochen im Voraus. Die Straßburger, die Euro-Leute und auch die 35 000 Studenten sind überaus ausgehfreudig, sodass Restaurants aller Preisstufen stets gut besucht sind.

Toiletten

Die stillen Örtchen in Straßburg entsprechen deutschem Standard. Kostenlose öffentliche Toiletten in Top-Qualität findet man am Ill-Ufer bei der Kirche St-Guillaume.

Trinkgeld

Taxifahrer und das Personal im Hotel- und im Bewirtungsgewerbe erwarten Trinkgeld. Im Café tun es wenige Cent, im Restaurant etwa 5–10 % der Rechnung. Bei sehr hohen Rechnungen sollte man sich selbst eine vernünftige Obergrenze setzen, vielleicht bei 10 oder 15 €.

Veranstaltungstermine

Die Boutique Culture (S. 73) veröffentlicht jeden 2. Montag einen Veranstaltungskalender, der dort kostenlos ausliegt und im Fenster hängt. Im Internet finden Sie Veranstaltungsinfos auch unter www.spectacles-publications.com/manifestations-strasbourg.php. Darüber hinaus findet man im mittwochs kostenlos erscheinenden Annoncenblatt **›Mass‹** und in der Tageszeitung **›DNA‹** (Dernières Nouvelles d'Alsace) zahlreiche tagesaktuelle Veranstaltungshinweise.

Verkehrssünden

Die Geldbußen für Verkehrsverstöße, besonders für überhöhte Geschwindigkeit und Alkohol am Steuer, aber auch Falschparken, sind in Frankreich überaus deftig (15 km/h über Limit ca. 140 €, Alkohol bis 4570 €). Bei Ausländern kann bis zur Zahlung des Bußgelds sogar der Führerschein eingezogen und das Fahrzeug stillgelegt werden.

Weinprobe

Überall an der Weinstraße werden Weinproben *(dégustations)* angeboten. Sie sind in der Regel kostenlos *(gratuit)*, aber es gilt als grob unverschämt, sich ausgiebig die Probiergläschen füllen zu lassen und dann mit einem fröhlichen »Merci, au revoir!« zu verabschieden, ohne etwas zu kaufen. Auch eine einzelne Flasche gilt als unfein. Lassen Sie sich besser nicht die ganze Palette eines Weinguts vorführen, sondern beschränken Sie sich auf zwei, drei Rebsorten. Gemeinhin kauft man 6er- oder 12er-Kartons, die touristischeren Weingüter haben auch Kombipacks im Angebot: ein Pinot Noir, ein Riesling, ein Sylvaner ... ein Edelzwicker, ein Riesling ... usw. Treffen Sie eine Vorauswahl – welchen von den Tausenden Winzern will ich überhaupt besuchen? – am besten in einem Restaurant, wo man in aller Muße eine Flasche eines Winzers trinken kann, um ihn anschließend zu besuchen.

Proben bei einer **Schnapsbrennerei** bestehen darin, dass man am Glasinhalt riecht. Lassen Sie auch in diesem Fall weise Beschränkung walten. Mehr als drei, vier Aromen hintereinander kann keine Nase unterscheiden.

Fahrradverleih

Einfacher und günstiger geht's nicht! Die Stadt stellt Mietfahrräder von Vélocation bereit (8 €/für den ganzen Tag, 5 € für den halben Tag).

Verleihstationen:
Vélocation, 10, rue des Bouchers, Tel. 03 88 24 05 61, Sommer Mo–Fr 9.30–12.30, 13.30–19, Winter Mo–Fr 10–17 Uhr. Vélocation, 4, rue du Maire Kuss (gegenüber dem Bahnhof), Tel. 03 88 23 56 75, Sommer Mo–Fr 9.30–19, Sa/So 9.30–12, 14–19/Winter bis 18 Uhr.
Eine Fotokopie des Personalausweises und 100 € Kaution müssen hinterlegt werden. An den Verleihstellen kann man sein Fahrrad für 1 €/Tag in bewachten Ständern abstellen. Ein Kindersitz kostet 2 €.

Unterwegs in der Stadt

Auto	voiture
Autobahn	autoroute
Autovermietung	location de voitures
Ampel	feu
Bahnhof	gare
Bus	autobus
bleifrei	sans plomb
Diesel	gas-oil
Fahrkarte	billet
Fahrplan	horaire
Fahrrad	vélo
Flughafen	aéroport
geradeaus	tout droit
Gleis	voie, quai
Haltestelle	arrêt
Kirche	église
Kreuzung	carrefour
links	à gauche
Motorrad	moto
Museum	musée
Normalbenzin	ordinaire
Parkplatz	parking
rechts	à droite
Schiff	bateau
Straße	rue
Straßenbahn	tram
Studentenausweis	carte d'étudiant
Supermarkt	hypermarché
Touristen-information	office de tourisme
Zug	train

Im Hotel

Aschenbecher	cendrier
Aufzug	ascenseur
Bad	salle de bains
Bettwäsche	draps
Café	salon de thé
Doppelzimmer	chambre à deux lits
Dusche	douche
Einzelzimmer	chambre à un lit
Frühstück	petit déjeuner
Frühstücksraum	salle de petit déjeuner
Gepäck	bagages
Hotel	hôtel
Jugendherberge	auberge de jeunesse
Safe	coffre-fort
Schlafsaal	dortoir
Schlafsack	sac de couchage
Schlüssel	clé
Schwimmbad	piscine
Toilette	toilettes
Waschbecken	lavabo
Wolldecke	couverture de laine
Zimmer	chambre
nach hinten hinaus	sur l'arrière
zur Straße hin	sur la rue

Im Restaurant

Abendessen	dîner
Diät	régime
essen	manger
Flasche	bouteille
Frühstück	petit déjeuner
Gabel	fourchette
Getränk	boisson
mit Kohlensäure	gazeux
Glas	verre
Hauptgericht	plat principal
Löffel	cuillère
Mahlzeit	repas
Messer	couteau
Mittagessen	déjeuner
Nachspeise	dessert
Rechnung	addition
reservieren	réserver
Speisekarte	carte, menu
Tagesgericht	plat du jour
Teelöffel	petite cuillère
Teller	assiette
Tisch	table

trinken	boire
vegetarisch	végétarien
Vorspeise	hors d'œuvre
Wasser	de l'eau
Weinkarte	carte des vins
zahlen	payer

Zeit

Sonntag	dimanche
Montag	lundi
Dienstag	mardi
Mittwoch	mercredi
Donnerstag	jeudi
Freitag	vendredi
Samstag	samedi
Feiertag	jour férié
heute	aujourd'hui
gestern	hier
morgen	demain
morgens	le matin
mittags	à midi
nachmittags	l'après-midi
abends	le soir
nachts	la nuit

Gesundheit/Notfälle

Antibiotikum	antibiotique
Apotheke	pharmacie
Arzt	médecin
Fieber	fièvre
Krankenhaus	hôpital
Krankenwagen	ambulance
Notfall	urgence
Pannendienst	service de dépannage
Polizei	police
Rezept	ordonnance
Unfall	accident
Verbandszeug	trousse de secours
Versicherung	assurance

Zahlen

1	un	16	seize
2	deux	17	dix-sept
3	trois	18	dix-huit
4	quatre	19	dix-neuf
5	cinq	20	vingt
6	six	30	trente
7	sept	40	quarante
8	huit	50	cinquante
9	neuf	60	soixante
10	dix	70	soixante-dix
11	onze	80	quatre-vingt
12	douze	90	quatre-vingt-dix
13	treize	100	cent
14	quatorze	1000	mille
15	quinze		

Die wichtigsten Sätze

Wie viel kostet das? Ça coûte combien?
Ich brauche … J'ai besoin de …
Wann öffnet/schließt …? Quand ouvre/ferme …?
Haben Sie ein freies Zimmer? Avez-vous une chambre de libre?
Wir sind ausgebucht. Nous sommes complet.
Ich hätte gerne ein Baguette. Une baguette, s'il vous plaît.
Hat es geschmeckt? C'etait bon?
Danke, ausgezeichnet. Merci, c'était excellent.
Ich möchte Geld wechseln Je voudrais changer de l'argent
Können Sie mir helfen? Pourriez-vous m'aider?

Auskunft

Informationsmaterial und Broschüren erhält man bei der Maison de la France (Französisches Fremdenverkehrsbüro).

… in Deutschland
Zeppelinallee 37
60325 Frankfurt/Main
Tel. 0900 157 00 25
Fax 0900 159 90 61
E-Mail info.de@franceguide.com
www.franceguide.com

… in Österreich
Lugeck 1–2
1010 Wien
Tel. 0900 25 00 15
Fax 01/503 28 72
E-Mail info.at@franceguide.com
www.franceguide.com

… in der Schweiz
Rennweg 42
8021 Zürich
Tel. 01 217 46 00
Fax 01 217 46 17
E-Mail info.ch@franceguide.com
www.franceguide.com

… in Straßburg
Office de Tourisme de Strasbourg et sa région (OTSR)
Hotellisten, Broschüren, Zimmervermittlung, Führungen, Tickets, Strasbourg-Pass (s. S. 14).
17, pl. de la Cathédrale
Tel. 03 88 52 28 28
Fax 03 88 52 28 29
tgl. 9–19 Uhr
www.ot-strasbourg.fr
Regionales Tourismusbüro
Comité Régional du Tourisme d'Alsace
20a, rue Berthe Molly
68005 Colmar Cédex
Tel. 03 89 24 73 50
Fax 03 89 24 73 51
www.tourisme-alsace.com

Tourismusbüro des Departements Bas-Rhin
Agence de Développement Touristique du Bas-Rhin
9, rue du Dôme, BP 53
67000 Strasbourg
Tel. 03 88 15 45 80
Fax 03 88 75 67 64
www.tourisme67.fr

Einreise

Für EU-Staatsbürger und Schweizer reicht der Personalausweis, bei Aufenthalt über drei Monaten muss eine *Carte de séjour* beantragt werden. Achtung: mit einem alten Führerschein kann man Probleme bekommen, am besten besorgt man sich den neuen EU-Führerschein im Scheckkartenformat. Hunde und Katzen brauchen eine gültige Tollwutimpfbescheinigung. Tiere mit einem Alter unter drei Monaten darf man nicht mitnehmen.
Zollbestimmungen: In der EU wird auf Waren für den Eigenbedarf kein Zoll erhoben. Man kann bis zu 90 l Wein, 800 Zigaretten und 10 l Spirituosen mitnehmen. Für Schweizer gelten die alten Werte: 200 Zigaretten, 1 l Spirituosen und 2 l Wein.

Anreise

Mit dem Flugzeug

Der kleine Internationale Flughafen Strasbourg-Entzheim liegt 16 km süd-

westlich vom Stadtzentrum. Er wickelt hauptsächlich innerfranzösische, aber auch Flüge aus Berlin, Düsseldorf, Hamburg, München und Wien ab.
Tel. 03 88 64 67 67
Fax 03 88 64 69 32
www.strasbourg.aeroport.fr

Vom Flughafen in die Stadt: Ein Shuttle-Bus ›Navette Aéroport‹ verkehrt alle 20 Min. (Sa nachmittags und So vormittags alle 30 Min.) zwischen 5.10 und 23.15 Uhr vom Flughafen zur Haltestelle ›Baggersee‹ der Tram A, die in die Innenstadt fährt. Die Fahrt dauert ca. 30 Min. vom Bahnhof zum Flughafen (hin und zurück 9,70 €). Bis zum letzten Flieger um 23 Uhr stehen Taxis bereit, die etwa 28 € für die Fahrt nehmen.

Mit der Bahn

Straßburg liegt im Zentrum des gut ausgebauten elsässischen Schienennetzes. Zwischen Straßburg, Mulhouse und Basel verkehren regionale Hochgeschwindigkeitszüge. Direkt reist man z. B. von Basel, Karlsruhe, München, Offenburg, Stuttgart, Wien oder Zürich nach Straßburg, ansonsten mit Umsteigen in Karlsruhe oder Offenburg.

Seit 2007 verbindet der TGV Est Straßburg in 2 Std. 20 Min. mit Paris, in 2 Std. 5 Min. mit Zürich und in 1 Std. 20 Min. mit Stuttgart (Tel. 08 92 35 35 35, www.tgvesteuropeen.com). Eine schicke Glashalle vor dem Bahnhof demonstriert auch optisch die Ankunft im Hochgeschwindigkeits-Zeitalter: 320 km/Std. schafft die Super-Puffi.

Vergünstigungen, z. B. Interrail-Ticket, Ermäßigungen für 12–25-Jährige, Senioren, Kinder, Schnäppchen mit kompletter Reise/Unterkunft *(promos),* aktuelle Sonderpreise, Suchmaschinen für sämtliche Fahrpläne und Verbindungen sowie Online-Buchung (man kann sich sein Ticket selbst ausdrucken) finden Sie unter www.sncf-voyages.com.

Ticketverkauf in Deutschland und Österreich an den Bahnhöfen und dafür ausgelegten Reisebüros, in der Schweiz zusätzlich:

Boutique SNCF
11, rue de Lausanne, 1201 Genf,
Tel. 0900 90 09 02.

Info: Elsassweite, gebührenpflichtige Reservierungszentrale,
Tel. 08 92 35 35 35.

Hilfe für Behinderte:
Tel. 03 88 75 41 20.

Gepäck-Fundbüro:
Tel. 03 88 75 41 63.

Der Bahnhof von Straßburg liegt westlich der Innenstadt (zu Fuß 15 Min.). Von hier kommt man mit Tram, Bus oder Taxi zum Hotel.

Mitnahme des Rads: Die Deutsche Bahn AG hat eine Radfahrer-Hotline eingerichtet, Tel. 0180-319 41 94.

Mit dem Auto

Wer von Norden kommt, sollte die A 65 nehmen (mit Landstraße zwischen Kandel und Lauterbourg). Die neue, wenig befahrene A 35 nach ›Strasbourg‹ ist der immer vollen A 5 auf deutscher Seite vorzuziehen. Von der Schweiz kann man über den Sundgau und Mulhouse kommen, von da über die elsässische A 35. Der beste Rheinübergang ist die Europabrücke zwischen Kehl und Straßburg. Für die Autobahnen im Elsass ist keine Péage-Gebühr zu entrichten.

Verkehrsregeln: Promillegrenze: 0,5. Die Höchstgeschwindigkeit beträgt außerhalb geschlossener Ortschaften 90, auf Straßen mit zwei Fahrstreifen in jeder Richtung 110, auf Autobahnen 130, in geschlossenen Ortschaften 50 km/h. Gelbe Streifen am Fahrbahnrand bedeuten Parkverbot.

Bleifreies Superbenzin *(sans plomb 95)* kostet etwa 1,22 €, Super Plus *(sans plomb 98)* etwa 1,29 €, Diesel *(gas-oil)* etwa 0,85 €.

Geld

Landeswährung ist der Euro. 1 € entspricht 1,66 Schweizer Franken (November 2007). An den weit verbreiteten Geldautomaten mit blau-rotem Symbol bekommt man mit EC/Maestro-Karte oder Kreditkarte bis zu 220 €. Abhebungen mit EC/Maestro kosten pro Transaktion 4 €, mit Kreditkarten 10 €. Fast alle Restaurants/Hotels, Geschäfte, Tankstellen etc. nehmen Kreditkarten, vor allem Master/EuroCard und Visa.

Notfall

Polizei: 17
Feuerwehr: 18
Ambulanz: 15
Pannenhilfe: 08 00 08 92 22 (kostenlos, deutschsprachig)

Kreditkartenverlust
Zentrale Nummer auch bei Verlust von Handy-, Bank- und EC-Karten: 0049/116 116
Fundbüro Straßburg: 20, pl. de la Gare, Tel. 03 88 21 43 77

Diplomatische Vertretungen
Konsulat von Deutschland
6, quai Mullenheim
67000 Strasbourg
Tel. 03 88 24 67 00
Fax 03 88 75 79 82

Konsulat von Österreich
29, av. de la Paix
67000 Strasbourg
Tel. 03 88 35 13 94

Konsulat der Schweiz
23, rue Herder
67000 Strasbourg
Tel. 03 88 35 00 70

Telefonieren

Von Deutschland, Österreich, Schweiz nach Straßburg 0033, danach die stets zehnstellige Nummer des Teilnehmers ohne die 0. Vorwahlnummern gibt es in Frankreich nicht mehr. In Straßburg beginnt jede Nummer mit 03 88.

Von Straßburg **ins Ausland** 00, Dauerton abwarten, dann 49 für Deutschland, 43 für Österreich, 41 für die Schweiz. Danach fällt die erste Null weg.

Münztelefone gibt es kaum, Telefonkarten *(télécarte)* à 40 und 120 Einheiten *(quarante ou cent-vingt unités)* gibt es bei der Post, in Tabac-Läden oder auch in Supermärkten. Manche Telefonzellen nehmen auch EuroCard oder Visa.

Per **Handy** kann man in vielen Netzen telefonieren, jedoch mit teuren Zusatzgebühren, wenn man einen französischen Netzbetreiber wählt. Informieren Sie sich am besten vorher bei Ihrem heimischen Anbieter über die Preise. **Roaming** kann nämlich teuer werden, denn man zahlt für die Verbindung aus Deutschland ins Ausland selbst, auch wenn man angerufen wird. Da Straßburg direkt hinter der deutschen Grenze liegt, empfiehlt es sich, manuell das deutsche Heimatnetz einzustellen, um so die nicht unerheblichen Auslandsgebühren zu sparen.

Öffnungszeiten

Banken: Mo–Fr 9–12, 14–17 Uhr.
Post: Mo–Fr 8–18.30, Sa 8–12 Uhr.
Geschäfte schließen oft mittags von 12–14 Uhr. **Souvenirläden** und **Supermärkte** (Hypermarchés) öffnen durchgängig sowie auch So und bis spät in den Abend, Do ist langer Abend. Mo oft geschl.
Museen: Geschlossen am 1. Jan., Karfreitag, 1. Mai, 1. und 11. Nov., 25. Dez. sowie Di (nur Musée d'Art Moderne und Musée d'Œuvre Notre-Dame Mo).

Gesundheit

Mit der **Europäischen Krankenversicherungskarte** (EHIC) Ihrer Krankenkasse gehen Sie in ein Krankenhaus oder zu einem niedergelassenen Arzt. Dieser füllt einen Behandlungsvordruck, *feuille de soins,* aus, den Sie, nachdem Sie beim Arzt Vorkasse geleistet haben, von der Caisse Primaire d'Assurance Maladie, 16, rue de Lausanne, 67090 Strasbourg Cedex, teilweise erstattet bekommen. Ist Ihnen dies nicht möglich, wenden Sie sich an Ihre heimische Krankenkasse. Eine zusätzliche Reisekrankenversicherung, z. B. beim ADAC, wird dringend empfohlen.

Französische **Apotheken** *(pharmacies)* erkennt man an großen grünen Neonkreuzen. Viele Medikamente sind dort günstiger als in Deutschland erhältlich. Notdienste werden jeweils im Fenster angegeben.

Behinderte

In der jährlich aktualisierten kostenlosen Broschüre ›Hôtels. Restaurants‹, erhältlich bei allen Fremdenverkehrsbüros, weisen Logos mit einem weißen Haus auf blauem Grund auf Häuser hin, die speziell für Körperbehinderte, geistig Behinderte, Sehbehinderte bzw. Hörbehinderte eingerichtet sind. Dies sind meist neue Häuser sowie Kettenhotels.

Bei der Direction de l'Action Sociale erhält man eine kostenlose ausführliche Broschüre, in der Unterkünfte, Kultur-, Sport, Transporteinrichtungen u. v. m. im Hinblick auf ihre Zugänglichkeit für Behinderte vorgestellt werden.
Centre Administratif: Direction de l'Action Sociale/Actions en faveur des personnes handicapées
1, pl. de l'Etoile
67070 Strasbourg Cedex
Tel. 03 88 60 92 45
Fax 03 88 60 95 39

Die französische Bahn SNCF hat unter Tel. 0 800-15 47 53 *(numéro vert)* und im Internet einen speziellen Service für Behinderte: www.ter-sncf.com/Alsace.

Unterwegs in Straßburg

Mit Tram und Bussen

Straßburgs schön anzusehende Straßenbahn (Tram) hat vier Linien, die sich an der zentralen Haltestelle ›Homme de Fer‹ kreuzen: Tram A/D und Tram B/C. Die Tram fährt 4.30–0.30 Uhr, Züge kommen etwa im 4-Minuten-Takt. Die Busse wurden weitgehend aus der Innenstadt verbannt. Fast alle 23 Buslinien führen jetzt sternförmig von den Tramhaltestellen rund um das Zentrum in die Außenbezirke, Linie 10 fährt um die Innenstadt herum. Die moderne ›Homme de Fer‹ und die benachbarte ›Ancienne Synagogue/Les Halles‹ sind zentrale Umsteigepunkte. Betrieben werden Tram und innerstädtische Buslinien von der Gesellschaft CTS.

Allo CTS: 03 88 77 70 70.

Unter dieser Nummer gibt es Infos zu allen Verkehrsmitteln in Straßburg. Internet: www.cts-strasbourg.fr (Fahrpläne, Haltestellensuche, Tarife).

Einen Streckenplan *(Plan bus-tram)* gibt's bei den CTS-Büros:

Place Kléber,
Mo–Fr 7.30–18.30, Sa 9–17 Uhr
Hauptbahnhof,
Mo–Fr 7.15–18.30 Uhr.

Tickets bekommt man in den CTS-Büros, aber auch an den Haltestellen, bei der Post, in Tabakläden, Kiosken sowie bei Banken und Geschäften mit CTS-Logo. Die Fahrscheine werden auf dem Bahnsteig entwertet. Ein Einzelfahrschein für Tram und Busse *(Unipass)* kostet 1,30 €, ein Zehner-Heft 11,50 €. Sehr nützlich: *24h individuel* für 3,50 € (1 Tag kostenlos alle Busse und Tram) sowie für Familien *Trio* für 4,80 € (1 Tag für 2–3 Personen).

Park + Ride: Parkplätze Baggersee, Krimmeri Stade de la Mainau, Ducs d'Alsace, Elsau, Hoenheim Gare, Rives de l'Aar 2,70 €; Rotonde 3 €. Mo–Sa 7–20 Uhr. Parken + Hin-und-Zurück-Ticket für jeden Fahrzeuginsassen.

Mit dem Taxi

Taxi 13 (Tel. 03 88 36 13 13, www.taxi13.fr) ist das größte Unternehmen. Taxistände am Bahnhof, an der Place de la République, Place Gutenberg, Centre Halles und Europarat.

Leihwagen

Sixt: 31, bd. de Nancy
Tel. 03 88 23 72 72
Ford Fiesta ab 37,50 € pro Tag.

Mit dem Fahrrad

Radwege: Rund 400 km Wege sind markiert und an den Kreuzungen mit Extra-Ampeln versehen; die Richtungen sind gut ausgeschildert. Viele Straßen der Fußgängerzone darf man mit dem Rad befahren. In der Tram kann man das Rad außerhalb des Berufsverkehrs (Mo–Sa 7–9 und 17–19 Uhr) mitnehmen. Fahrradverleih s. S. 17.

Infos im Internet: www.velostation-strasbourg.org, www.velocation.net, www.strasbourg.fr/deplacement/velo.

Reparaturservice: Die Werkstatt von VéloStation befindet sich ganz in der Nähe der Place de l'Etoile, nämlich in 14, rue du Grand Couronné. Di 17.30–19 und Sa 14.30–17 Uhr ist dort immer jemand zur Stelle, sonst Tel. 03 88 84 66 67.

Stadtrundfahrten

Minitram: Die auch in Deutsch kommentierte Rundfahrt in der elektrischen *Minitram* durch die historische Altstadt dauert 40 Min. und erfreut besonders Kinder. Info: Tel. 03 88 77 70 03.
Abfahrt Place du Château
28. April–9. Sept. halbstdl. 9.30–20, 10. Sept.–14. Okt. halbstdl. 9.30–17.30, 15. Okt.–1. Nov. stdl. 10–17 Uhr.

Erwachsene 5,10 €, Kinder von 4 bis 12 Jahre 2,60 €.

Mit dem Taxi: Taxi 13, Tel. 03 88 36 13 13, bietet für 27,50 € für 1–4 Pers. per Kassette einstündige Stadtrundfahrten auf Deutsch an.

Bootsrundfahrten: Die Fahrt in den Glasdachbooten (Strasbourg Fluvial, Führung auch auf Deutsch) führt von der Anlegestelle unterhalb des Palais Rohan auf der Ill um die Altstadt bis zum Europaviertel. Kommentar über Kopfhörer in Deutsch. Preise: Erwachsene 7,40 €, Kinder von 3 bis 18 Jahren 3,70 €. Dauer 75 Min.

Abfahrt April–Okt. halbstdl. 9.30–21, 29. Nov.–31. Dez. halbstdl. 9.30–17, sonst mindestens 10.30, 13, 14.30 und 16 Uhr.

Nachtfahrten: ›Flâneries Nocturnes‹, Mai–28. Sept. 21.30 und 22 Uhr.

Hafenrundfahrt mit Besuch des Naviscope: Juli und Aug. 14.30 Uhr, Dauer 2,5 Std., Landesteg: Promenade Dauphine/pl. de l'Etoile (E7)

Preise: Erw. 9 €, Kinder zahlen die Hälfte.

Alle drei Angebote bei **Strasbourg Fluvial,** Port autonome de Strasbourg, Tel. 03 88 84 13 13, www.strasbourg.port.fr.

Bateaux Touristiques Strasbourgeois: Bootsrundfahrten mit Mittag- oder Abendessen vom Quai des Pêcheurs tgl. 12.30 und 18.30, vom Quai Finkwiller tgl. 12.45 und 19.30 Uhr, Tel. 03 88 84 10 01,www.bateaux-strasbourg.fr.

Preise: Erwachsene 2 Gänge 35 €, Kinder 16 €.

Rundflüge: Für 68, 2 Personen 71 € können Sie mit dem Kleinflugzeug in die Luft gehen und Straßburg und Umgebung etwa eine halbe Stunde aus der Vogelperspektive überblicken, eventuell kombiniert mit einer Lufttaufe:

Aéroclub d'Alsace, Aérodrome du Polygone, 67100 Strasbourg, Tel. 03 88 34 00 98, Fax 03 88 84 14 13, www.aero-club-alsace.com.

Stadtführungen

Altstadt mit Führer: Das Office de Tourisme (s. S. 20) bietet einen 90-minütigen Rundgang ums Münster und durch die Altstadt, in Deutsch Sa 14.30 Uhr in Mai, Juni, Sept., Okt., Dez.

Für Gruppen: Thematische Stadtrundfahrten und -gänge, z. B. per Bus zu den europäischen Institutionen oder zu Fuß durch die Altstadt, in die Kathedrale oder verschiedene Museen.

Anmeldung mindestens einen Tag früher beim Office de Tourisme, Online-Buchung über www.ot-strasbourg.fr.

Audiovisuelle Führung: Für 5,50 € und eine Kaution von 100 € verleiht das Office de Tourisme Walkmen. Innerhalb von 3 Std. kann man im individuellen Rhythmus die 90 Min. lange Führung absolvieren.

Historische Schnitzeljagd: Der Verein ›Il était une fois la ville‹ will auf originelle Weise mit der Straßburger Geschichte vertraut machen:

6, pl. des Chèvnes, 67000 Strasbourg, Tel. 03 88 31 05 25, Fax 03 88 61 60 31, www.iletaitunefoislaville.com.

Bei den 1- oder 2-stündigen Erkundungen der Altstadt, Kathedrale und Petite France, z. B. auch in Deutsch, werden Gruppen zusammengestellt, sie erhalten eine Schnitzeljagd-Anweisung, und hinterher werden die Antworten kontrolliert. Es gibt spezielle Parcours für Kinder und für Erwachsene. Preise: Erw. 9–12 €, Kinder 4 €.

Zu Gast in

Sie suchen eine urige Winstub oder ein Hotel im Zentrum? Oder wollen wissen, wo die Straßburger Studenten sich die Nächte um die Ohren schlagen und die Eurokraten ihre Spesen lassen? Wo können die Kiddies sich amüsieren, wo finden Mama und Papa was Schickes zum Anziehen? Wer backt die knusprigsten Brezeln, wer bereitet die edelste Gänseleber zu? Dieser Straßburg-Führer gibt Ihnen zahlreiche nützliche Tipps und ausgewählte Adressen an die Hand, damit

Straßburg

Ihr Aufenthalt zu einem Erlebnis wird. Die große Extra-Karte hilft bei der problemlosen Orientierung, denn die Koordinatenangaben bei allen Adressen ersparen langes Suchen. Zudem sind die wichtigsten Sehenswürdigkeiten auf dieser Karte besonders hervorgehoben. Wer jedoch Straßburg einmal aus einer nicht ganz gewöhnlichen Perspektive kennen lernen will, sollte sich von den fünf Touren ab Seite 106 leiten lassen …

Übernachten

Die Hotels in Straßburg verbinden Komfort und historisches Ambiente

Alle französischen Hotels sind in einem System mit bis zu 4 Sternen klassifiziert, die nach Ausstattung und Komfort, nicht nach ästhetischen Gesichtspunkten vergeben werden. Hotels mit einem Stern gibt es in der Stadt kaum noch, ab zwei Sternen kann man Dusche oder Bad mit WC, Telefon und meist auch Fernsehen auf jedem Zimmer erwarten.

Die Preise gelten immer für ein Doppelzimmer ohne Frühstück, Einzelzimmer sind meist nur unwesentlich oder gar nicht billiger. Die meisten Hotels bieten verschieden große und luxuriöse Zimmer zu teils erheblich divergierenden Preisen an. Wer die günstigen bekommen will, muss frühzeitig reservieren.

Das **Frühstück,** mit Kougelhopf, Croissants, Blätterteiggebäck, Wurst und Käse meist reichhaltiger als sonst in Frankreich, schlägt noch einmal zusätzlich mit 5–17 € zu Buche. Viele Hotels bieten das Frühstück als Buffet an.

Straßburg ist, nicht zuletzt aufgrund der zahlungskräftigen Klientel rund ums Europa-Parlament, ein recht teures Pflaster. In der einen Woche pro Monat, in der der Parlamentariertross in Straßburg einfällt, sind sämtliche Unterkünfte lange im Voraus ausgebucht. Auch Preisnachlässe in der Nebensaison gibt es nicht, denn Straßburg hat keine Nebensaison!

Hotelpakete: Das Tourismusbüro des Départements Bas-Rhin (s. S. 20) bietet aktuelle ›Pakete‹ an, die von Themenurlauben zu Gastronomie oder Kultur bis zu Sonderangeboten in der Nebensaison und Wochenendkurztrips reichen. Dazu wird die Broschüre ›Wochenend- und Kurzreisen Unterelsass‹ herausgegeben.

Chambres d'hôtes: Die französische Variante des Bed & Breakfast gibt es nur außerhalb in den umliegenden Dörfern. Kostenpflichtige, bebilderte Kataloge erhalten Sie bei:

Gîtes de France,
Service Loisirs-Accueil du Bas-Rhin
7, pl. des Meuniers, 67000 Strasbourg
Tel. 03 88 75 56 50, Fax 03 88 23 00 97
www.gites67.fr

Reservierung

Aus Frankreich: Tel. 0810522832
Vom Ausland: Tel. 0033 3 90 41 15 60.
Online-Buchung:
Hotels:
www.alsace-tourisme.com.
Jugendherbergen:
www.fuaj.org.
Chambres d'Hôtes:
www.gites-de-france.fr.
Kombipakete:
www.tourisme67.com.

Günstige Hotels

Château de Pourtalès (K 1)

rue Mélanie, im Parc de Pourtalès
Tel. 03 88 31 37 40
Fax 03 88 45 77 82
www.siu.de/german/h04intro.htm
DZ mit Etagendusche 58, mit eigenem Bad 94, EZ 27 bzw. 77 €
Man wohnt im Schloss, aber recht einfach und preiswert, vor allem in den Zimmern ohne eigenes Bad. Die Park-Umgebung ist wunderbar ruhig, ein Outdoor-Zentrum hinter dem Schloss wird wie dieses selbst viel von Gruppen genutzt.

Citôtel des Arts (D 6)

10, place du Marché aux Cochons de Lait
Tel. 03 88 37 98 37
Fax 03 88 37 98 97
www.hotel-arts.com
DZ 65–70 €, EZ 60–65 €
Hotel ohne Schnickschnack im touristischen Zentrum – die Zimmer sind nicht hübsch, aber funktional, und alle mit WC/Dusche; Nr. 201 mit Gauguin-Repros bietet, wenn man es denn bekommt, einen Blick auf den immer vollen Ferkelmarkt.

Citôtel Couvent du Franciscain (C 5)

18, rue du Faubourg-de-Pierre
Tel. 03 88 32 93 93
Fax 03 88 75 68 46
www.hotel-franciscain.com
DZ 66–68 €, EZ 62 €
Das einfache Hotel mit über 40 Zimmern mit Bad/WC liegt in 10 Min. Gehentfernung vom Münster in einem Hinterhof im Quartier des Halles. Einige Zimmer sind ein wenig schäbig, schauen Sie sich das Zimmer am besten vorher an. Freundlicher Empfang; das Frühstück für 8 € wird in einem winstubähnlichen Gewölbe serviert.

Preisniveau

Günstig	DZ bis ca. 70 €
	EZ bis ca. 60 €
Mittel	DZ bis ca. 105 €
	EZ bis ca. 90 €
Gehoben	DZ bis ca. 150 €
	EZ bis ca. 130 €
Luxus	DZ ab ca. 150 €
	EZ ab ca. 130 €

Alle Preise beziehen sich auf die Saison 2007.

Hotel-le 21ième (C 5)

21–23, rue du Fossé des Tanneurs
Tel. 03 88 23 89 21
Fax 03 88 23 89 24
www.hotel-cyber-21.com
DZ 60–70, EZ 49–65 €
In einem Gebäude des 19. Jh. im absoluten Zentrum gelegen, hat dieses Hotel eine pfiffige Idee: Nicht nur WC/Dusche und Kabelfernsehen auf jedem der hellen, kleinen, aber recht netten Zimmer, sondern auch Computer mit Internetanschluss (7 € pro Nacht); zusätzlich Cyber-Raum mit 15 Terminals mit Internet.

De l'Ill (E 6)

8, rue des Bâteliers
Tel. 03 88 36 20 01
Fax 03 88 35 30 03
www.hotel-ill.com
DZ 52–67 €, EZ 46–62 €
Beliebter Familienbetrieb in der Krutenau: kleine, gemütliche Nichtraucher-Zimmer – unbedingt früh reservieren. 2006 komplett renoviert.

L´Elégant (H 4)

Rue du Gén. Conrad, Bassin des Remparts
Bus 15, 15a, Quartier des Quinze

Billig-Hotel-Ketten

Das Elsass ist ein fruchtbarer Boden für zahlreiche Billig-Hotel-Ketten. Sie schonen den Geldbeutel, doch sind die genormte Fertigbauweise und die Lage, meist außerhalb in Gewerbegebieten, an großen Verkehrskreiseln etc., nichts für Leute mit Anspruch. Bei Arcotel, Bonsai, Etap, Formule 1, Première Classe, Roi Soleil und wie sie alle heißen bekommt man standardisierte, funktionale Zimmer für zwei oder mehr Personen ab 30 €.

Tel. 03 88 60 02 85
Fax 03 88 61 50 81
www.bateau-lelegant.com
EZ 50–55, DZ 55–60, 3 Pers. 65 €
Menüs 12–35 €
Dieses schwimmende Hotel bietet höchst originelle Übernachtung und ein Restaurant mit elsässischer Küche. Die 7 m² kleinen, ordentlich eingerichteten Zimmer auf dem am Ufer vertäuten Schleppkahn aus den 1930er Jahren befinden sich auf dem etwas teureren Oberdeck und dem Unterdeck.

Esplanade (F 6)

1, bd. Leblois
Tel. 03 88 61 38 95
Fax 03 88 60 66 87
www.perso.orange.fr/hotel.esplanade/
DZ 55 €, EZ 52 €
Mitten im Univiertel wohnt man in kleinen, einfachen Zimmern, *très français,* mit Bad, WC, Telefon und Fernsehen.

Michelet (D 6)

48, rue du Vieux Marché aux Poissons
Tel. 03 88 32 47 38
Fax 03 88 32 79 87
www.hotel-michelet.com
DZ 38 € ohne Dusche, 48 € mit Dusche/WC, EZ 26–41 €
Gegensätze ziehen sich an: sehr einfaches, ein wenig abgenutzt wirkendes, aber sauberes, freundliches und gnadenlos preiswertes Hotel an der Straße mit den Luxusboutiquen. Zimmer zur Straße oder um einen winzigen, kuriosen Innenhof.

Du Rhin (B 5)

7–8, pl. de la Gare
Tel. 03 88 32 35 00
Fax 03 88 23 51 92
www.hotel-du-rhin.com
DZ 37–75 €, EZ 37–69 €
Direkt gegenüber dem Bahnhof liegt dieses Gebäude aus dem 19. Jh.; die komfortablen, hellen, modern-elegant eingerichteten Zimmer gibt es mit oder ohne WC/Dusche, was den Preisunterschied erklärt.

Mittelklassehotels

Francs-Bourgeois (C 6)

7, rue de la Chaîne
Tel. 03 88 32 66 60
Fax 03 88 75 68 76
www.hoteldesfrancsbourgeois.com
DZ 62–74 €, EZ 55–62 €
Farbenfroh und standardmäßig eingerichtete Zimmer mit Dusche oder Badewanne im geschäftigen Viertel um die Grand-Rue; Frühstücksbuffet 9 € in bistromäßigem Ambiente.

Gutenberg (C6)

31, rue des Serruriers
Tel. 03 88 32 17 15
Fax 03 88 75 76 67
www.hotel-gutenberg.com
DZ und EZ 74 (Mansarde)–98 €
42 Zimmer, teils (die teurere Variante)

schallisoliert, klimatisiert, geräumig und recht luxuriös mit alten Möbeln eingerichtet; in einem fünfstöckigen historischen Haus von 1745 nahe beim Münster. Spezialität: Deko mit napoleonischen Militärstichen.

De l'Orangerie (F 4)

58, allée de la Robertsau,
Bus Nr. 6 – Dordogne
Tel. 03 88 35 10 69
Fax 03 88 25 65 20
www.hotel-orangerie-strasbourg.com
DZ 63–98 €, keine EZ
In einem Jugendstilhaus in der wilhelminischen Neustadt, Nähe Europa-Parlament; kleine Zimmer mit eleganten kleinen Bädern – *très français.*

Pax (B 6)

24–26, rue du Faubourg National
Tel. 03 88 32 14 54
Fax 03 88 32 01 16
www.paxhotel.com
DZ 65 €, EZ 58 €
Wenn Sie von den 106 Zimmern in dem verschachtelten Gebäude das Ihre gefunden haben, erwartet Sie anständiger Standard – ein sicherer Hafen, wenn alles andere ausgebucht ist; Winstub mit elsässischer Deko auf Biegen und Brechen; die Garage gegenüber ist ein gruftiges Gruselerlebnis der eigenen Art.

Mercure Strasbourg St-Jean (B 5)

3, rue du Maire Kuss
Tel. 03 88 32 80 80
Fax 03 88 23 05 39
www.mercure.com
DZ 105 €, keine EZ
In diesem komplett renovierten Traditionshotel in Bahnhofsnähe wird ein gutes Preis-Leistungs-Verhältnis geboten; schallisolierte, klimatisierte Zimmer, romantisch die unter dem Dach; das adrette, gelb gestrichene Gebäude stammt aus dem 19. Jh.

Suisse Horloge Astronomique (D 6)

2–4, rue de la Râpe
Tel. 03 88 35 22 11
Fax 03 88 25 74 23
www.hotel-suisse.com
DZ 69–89 €, EZ 59–69 €
Diese Herberge ist seit über 100 Jahren in Familienbesitz: Ansprechend schlichte, lichte Zimmer und die urige Winstub L'Horloge Astronomique, die fast ein wenig an Lokale der Provence erinnert. Zentral gelegen in einem historischen Althaus im Schatten des Münsters.

Aux Trois Roses (E 6)

7, rue de Zurich
Tel. 03 88 36 56 95
Fax 03 88 35 06 14
www.hotel3roses-strasbourg.com
DZ 63–78 €, EZ 47 €
Helle, mit Kiefernholzmöbeln ausgestattete Zimmer in der Krutenau; ein traditionell französisches Hotel mit elsässischem Frühstücksbuffet, Sauna in einem Annex nach hinten; Kinder bis 10 Jahren übernachten kostenlos im Elternzimmer, man kann Kinderbetten mieten.

Villa d'Est (C 4)

12, rue Jacques Kablé
Bus Nr. 4 – Place de Pierre
Tel. 03 88 15 06 06
Fax 03 88 15 06 16
www.hotel-villa-est.com
DZ 125 €, keine EZ
48 Zimmer in der Nähe der Place de Haguenau: Die Atmosphäre ist funktional und doch gemütlich, man kann zwischen Zimmern im elsässischen Stil oder modern wählen; trotz der Lage an einer Ausfallstraße recht ruhig; Frühstücksbuffet. Sauna, Whirlpool, Fitnessraum.

Günstiger via Internet

Viele Hotels bieten Sonderpreise bei Internetbuchung. Aber auch bei www.LateRooms.com, www.hotels.com und vielen anderen Internetmaklern gibt es teils enorme Preisnachlässe. Wichtig: Auf alle Fälle vergleichen, z. B. bei www.tripadvisor.de, denn teilweise herrscht ein wahrer Tarifdschungel.

Gehobener Komfort

Cardinal de Rohan (D 6)

17–19, rue du Maroquin
Tel. 03 88 32 85 11
Fax 03 88 75 65 37
www.hotel-rohan.com
DZ 75–145 €, EZ 73–135 €
Dieses Traditionshotel liegt sehr zentral, gleich um die Ecke vom Münster. Der Louis-Quinze-Stil der Zimmer schafft ein gediegenes, etwas großväterliches Flair, eine Art Gelsenkirchener Barock à la française.

Cathédrale (D 6)

12, pl. de la Cathédrale
Tel. 03 88 22 12 12
Fax 03 88 23 28 00
www.hotel-cathedrale.fr
DZ von 110 € ohne bis 150 € mit Kathedralblick, EZ 75–140 €
Elegante, moderne Zimmer in Pastelltönen in einem verschachtelten Haus gegenüber der Kathedrale; die auf den üppig mit Blumen geschmückten Hof blickenden sind ruhiger als die nach vorne raus; Frühstücksbuffet inklusive.

Diana-Dauphine (D 6)

30, rue de la 1ière Armée
Tel. 03 88 36 26 61
Fax 03 88 35 50 07
www.hotel-diana-dauphine.com
DZ und EZ 125–135 €
Nun hat Straßburg auch ein Boutiquehotel mit coolem Großstadtdesign. Die Zimmer, elegant in Weiß, sind wirkungsvoll mit Grau oder Rot/Gelb akzentuiert. Frühstücksbuffet 11 €.

Du Dragon (C 6)

2, rue de l'Ecarlate
Tel. 03 88 35 79 80
Fax 03 88 25 78 95
www.dragon.fr
DZ 79–119 €, EZ 69–109 €
Zwei Häuser aus dem 17. Jh. gruppieren sich um einen Innenhof; die postmodernen Zimmer sind in zurückhaltenden Weiß-Grau-Tönen und puristisch edlem Design gehalten; sehr ruhig gelegen, etwas zurückversetzt vom Ill-Ufer in Finkwiller.

De l'Europe (C 6)

38–40, rue du Fossé des Tanneurs
Tel. 03 88 32 17 88
Fax 03 88 75 65 45
www.hotel-europe.fr
DZ 64–188 €
Hier haben schon Goethe und Voltaire genächtigt. Sehr harmonische, komfortable, individuell eingerichtete Zimmer, teils mit den effektvoll herausgearbeiteten Holzbalken des mittelalterlichen Fachwerkhauses aus dem 15. Jh., in dem sie liegen; geschmackvolle historische Zitate wie das Kathedralmodell im Foyer, elsässisches Frühstücksbuffet – Topadresse in einer ruhigen Nebenstraße der Grand-Rue.

Hannong Tulip Inn (C 5)

15, rue du 22 Novembre
Tel. 03 88 32 16 22
Fax 03 88 22 63 87

Régent Contades – Neo-Rokoko im wilhelminischen Straßburg

www.hotel-hannong.com
DZ 99–182 €, EZ 78 €
72 elegante, geschmackvolle Zimmer in einem mit Hannong-Fayencen dekorierten, sehr persönlich geführten Haus von 1920 (früher stand hier die Hannong-Fayence-Manufaktur); historische Bauelemente wie der Parkettboden und die Schnitzereien blieben erhalten; umfangreiches Frühstücksbuffet für 14 € – sehr empfehlenswert.

Maison Kammerzell (D 6)

16, pl. de la Cathédrale
Tel. 03 88 32 42 14
Fax 03 88 23 03 92
www.maison-kammerzell.com
DZ 105–117 €, EZ 73 €
In der üppig mit Schnitzereien geschmückten Maison Kammerzell kann man nicht nur speisen, sondern auch übernachten – in neun aparten Zimmern, die man frühzeitig buchen sollte.

Maison Rouge (C 6)

4, rue des Francs Bourgeois/Ecke Place Kléber
Tel. 03 88 32 08 60
Fax 03 88 22 43 73
www.maison-rouge.com
DZ 114–151 €, EZ 101–136 €
Eine Adresse für Leute, die nicht auf Komfort verzichten, sich aber für zwei Übernachtungen auch nicht ruinieren mögen. Individuelle, in leuchtenden mediterranen Farben geschmackvoll

eingerichtete Zimmer mit tollen Dekostoffen und ausgefallenen Bädern. In den Foyers stehen alte Möbel, Hannong-Fayencen und Spindler-Intarsienbilder, morgens wird ein recht reichhaltiges Frühstucksbuffet serviert. Es besteht aus warmen Gerichten wie Eier und Speck und kalten wie Wurst und Käse. Weiteres Plus: die absolut zentrale Lage an der Place Kléber.

C.I.A.R.U.S.

Centre International d'Accueil et Rencontre Unioniste de Strasbourg
7, rue Finkmatt
Bus Nr. 10 – Palais des Fetes
Tel. 03 88 15 27 88
Fax 03 88 15 27 89
www.ciarus.com
Übernachtung mit Frühstück 18–42 €, Halbpension 28–51 €, Frühstück 4,50 €, Mahlzeiten im Selbstbedienungsrestaurant 12 €, geöffnet Mo–Fr 11–14, 17–24, Sa/So 18.30–24 Uhr
Das Jugend- und Begegnungszentrum, ein Riesengebäude, um einen lichten Innenhof angeordnet und ca. 15 Min. Fußmarsch vom Zentrum, bietet eine empfehlenswerte Alternative für schmale Geldbeutel oder Familien: Die 101 ansprechend zeitgenössisch und schlicht designten Zimmer von 1 bis zu 8 Betten (so erklären sich die Preisunterschiede) haben alle eigene Dusche/WC. Es gibt 4 Zimmer für Rollstuhlfahrer, eine Bibliothek, ein Spielzimmer und jede Menge Veranstaltungen. Der Service ist gut: Man kann sich z. B. ein Babybett ins Zimmer stellen, seine Wäsche waschen und sich wecken lassen.

Luxushotels

Beaucour-Baumann Romantik Hotel (D 6)

5, rue des Bouchers
Tel. 03 88 76 72 00
Fax 03 88 76 72 60
www.hotel-beaucour.com
DZ 124–166 €, EZ 62–108 €
Eine gelungene Melange zwischen dem historischen Charme der Fachwerkhäuser aus dem 17. Jh. und modernem, einfallsreichem Design in dem geschäftigen Viertel um das Hospital in der Krutenau; einige Zimmer mit Whirlpool.

Régent Contades Golden Tulip (E 5)

8, av. de la Liberté
Tel. 03 88 15 05 05
Fax 03 88 15 05 15
www.regent-hotels.com
DZ 115–325 €, EZ 95–305 €
Der historistische Bau im großbürgerlichen wilhelminischen Viertel bietet Aussicht auf die Ill und die neogotische Kirche St-Paul. Die Zimmer haben hohe Decken, Ölgemälde, Wandpaneele im Neo-Rokoko-Stil und Marmorbäder. Das prunkvolle Treppenhaus, der hell verschnörkelte Frühstückssaal und die mit Stadtansichten geschmückte, holzgetäfelte Lounge bewirken, dass man am liebsten nicht mehr abreist. Das sensationelle Frühstücksbuffett ist seine 18 €, der sehr freundliche Service ein gutes Trinkgeld wert. Das Eckzimmer 205 hat einen großen Balkon.

Régent Petite France (C 6)

5, rue des Moulins
Tel. 03 88 76 43 43
Fax 03 88 76 43 76
www.regent-hotels.com
DZ 169–375 €, Suiten 249–565 €, EZ 20 € weniger

Sicher, die 4-Sterne-Preise haben es in sich, aber: Im Herzen der Petite France über der Ill gelegen, in Gebäuden aus dem 17. Jh. mit ›Privatmuseum‹ (einer ehemaligen Eisfabrik): Sonnenterrasse, Sauna/Fitnessraum; in den teils verwinkelten, individuellen Zimmern wird das historische Bauerbe wie Holzbalken sicher in zeitgenössisches Design integriert.

Apartments

Citadines Apart'Hotel Strasbourg Kléber (C 5)

50/54, rue du Jeu des Enfants
Tel. 03 90 22 47 00
Fax 03 88 32 47 49
www.citadines.com
Apartment für 1–2 Personen ab 96 €
Tage-, Wochen- oder Monatsweise sind die modern eingerichteten Apartments mit Küchenecke, Fernseher und Telefon, im Zentrum gelegen, zu mieten; Frühstück, Wäsche- und Essensservice etc. möglich.

Jugendherbergen

Auberge de Jeunesse René-Cassin

9, rue de l'Auberge-de-Jeunesse, Montagne Verte
Tel. 03 88 30 26 46
Fax 03 88 30 35 16
www.fuaj.org
Übernachtung inklusive Frühstück 19 €
Außerhalb gelegen. Zu erreichen mit Bus Nr. 2, Haltestelle Auberge de Jeunesse. Moderne, sehr komfortable (mit 4 Tannen ausgezeichnete) Gebäude in einem großen Park, Billardtisch. Camping s. u.

Auberge de Jeunesse 2 Rives (Parc du Rhin)

Rue des Cavaliers, im Rheinpark hin zur deutschen Grenze
Tel. 03 88 45 54 20
Fax 03 88 45 54 21
www.fuaj.org
Übernachtung inklusive Frühstück 19 €
Außerhalb im weiten Rheinpark gelegen, Bus Nr. 1 und 21 vom Bahnhof; moderne, frisch renovierte Gebäude mit höchstem 4-Tannen-Komfort.

Camping

Camping de la Montagne Verte

2, rue Robert-Forrer
Tel./Fax 03 86 37 95 83
www.camping-montagne-verte-strasbourg.com
Stellplatz und 2 Erwachsene 13,10 €.
Am Ufer eines kleinen Flusses gelegener Platz neben der Jugendherberge René-Cassin, von dieser betrieben, 190 Plätze, geöffnet 15. März–31. Dez.

Chambres d'hôtes

A L'Arc en Ciel

57, rue du Maréchal Foch
67113 Blaesheim (14 km südwestlich)
Tel. 03 88 68 93 37
Fax 03 88 59 97 75
www.likhom.com
DZ 50–58 €, Suite 62 €
Anne Schadt vermietet 6 Gästezimmer mit Frühstück in ihrem historischen Fachwerkhof von 1839. Ansprechend rustikale, komfortabel ausgestattete Zimmer, eins für Rollstuhlfahrer, das Ganze in einem ruhigen Dorf mit viel Fachwerk.

Essen & Trinken

Immer ein freundliches Lächeln: auf dem Markt

Straßburger Küche

Straßburg ist ein Synonym für Tafelfreuden sowohl in der Gourmand- (viel und deftig) als auch in der Gourmet-Liga (viel und fein). Nur Paris und vielleicht noch Lyon können es in Frankreich mit den mit Sternen, Kochmützen oder Elsässerhauben dekorierten Esstempeln aufnehmen. Aber keine Angst, in den für die Stadt so typischen ›Winstubs‹ und vielen kleineren Restaurants wird man auch gut und für weniger als den Gegenwert eines Geländefahrrads satt.

Der **Flammekuche** *(tarte flambée)* – hauchdünner, im superheißen Steinbackofen kurz gebackener Brotteig mit einem Belag aus Crème fraîche, Speckstreifen und Zwiebeln – steht auf der untersten, preiswertesten Stufe der Straßburger Fresshierarchie. Die großen Flammkuchen kommen auf dem Holzbrett mit einem Messer für den ganzen Tisch, man isst mit den Fingern. Nach der klassischen Variante kann man eine mit Käse (z. B. dem würzigen Munster) überbackene *gratinée* und zum Dessert eine mit flambierten Äpfeln goutieren.

Die nächsthöhere und -teurere Stufe nimmt die **Winstub** ein. In rustikalem Ambiente mit viel Holz und elsässischer Folklore-Deko kommt in der Regel Deftig-Mächtig-Salziges aufs rot karierte Tischtuch wie Presskopf, Bibeleskäs, Fleischnacka, Schiffala, Schweinshaxe, gehaltvolle Salate und hausgemachte Obsttorten. »Vom Schwein isst sich alles«, lautet das maßgebliche Sprichwort im Elsass. Die Straßburger Metzger und ihre Erzeugnisse von Fleischwurst über Landjäger zu den berühmten Knacks (Brühwürstchen) sind in Frankreich einzigartig – deutsche Metzger brachten das Wurst-Know-how nach 1870/71 hierher.

Manche Straßburger Winstubs hegen aber auch kulinarische Ambitionen, und dann kommt das **Sauerkraut** *(choucroute)*, das traditionell mit Räucherfleisch und Knacks serviert *(garni, Royale)* wird, auch mal mit Fisch, *Canard confit* (eingemachter Ente) oder sogar Schnecken daher. Der in Straßburg allgegenwärtige Gastronom Guy-Pierre Baumann erregte in den 1970er-Jahren die traditionellen Gemüter, als er als Erster das heilige Sauerkraut mit Fisch kombinierte.

Das elsässische ›Nationalgericht‹, oft nur auf Vorbestellung zu haben, ist der **Baeckeoffe,** einst ein Arme-Leute-Essen, in das am Sonntagabend die Fleischreste kamen, um am Montag im Ofen des Bäckers auf kleiner Flamme, dafür aber lange vor sich hin zu garen.

Im Gourmethimmel der Spitzenküche wird entweder klassisch-französisch gekocht oder eine raffiniert verfeinerte und mit Einflüssen aus Asien oder dem Mittelmeerraum ›verfremdete‹ traditionelle Regionalküche angeboten. Das Ergebnis ist leicht, abwechslungsreich und oft überraschend. Die Leitspeise der ›Haute Cuisine Strasbourgeoise‹ ist natürlich **Foie gras:** Gänseleberpastete (s. S. 109), serviert mit Weingelee, Toast oder Brioche.

Die Straßburger (und Elsässer) **Bäcker** sind berühmt für ihre abwechslungsreichen Holzofen- und Graubrote, die süßen oder salzigen Bretzeln, für Lebküchle, Bredele, die in den einfallsreich geschnitzten Springerle-Holzformen gebacken werden, und viele Kuchen *(tartes)* mit Zwetschgen, Heidelbeeren, Äpfeln, Rhabarber, Quitten.

Wo bekommt man was?

Im **Salon de thé** bekommt man Gebäck/Konditoreiwaren und Kaffee, mittags auch kleine warme und kalte Snacks. Im eigentlichen **Café** nur Getränke von Kaffee bis Bier, in manchen Cafés aber auch kleine bis große Speisen. Die **Brasserie** ist dagegen keine ›Brauerei‹, sondern ein Bistro, wo man nur einen Salat oder Flammkuchen, aber natürlich auch mehr essen kann. Übergänge zum **Restaurant** und zur **Winstub,** wo man mehrere Gänge isst, sind fließend. Nur etwas trinken kann man in Cafés und Bars, seltener außerhalb der Stoßzeiten in einer Winstub oder Brasserie. Wer jetzt etwas verwirrt ist, fragt zur Sicherheit am besten nach.

Öffnungszeiten

Kernöffnungszeiten sind 12–14 und 18.30–22 Uhr. Montag und Sonntag sind die beliebtesten Schließtage. Restaurantferien werden häufig in die Wintermonate oder auch in die Ferienzeit Juli/August gelegt.

Der **Abend** ist die Zeit für das mehrgängige Menü mit viel Wein und offenem Ende in die Nacht hinein. Mittags essen die Straßburger immer öfter auch im Restaurant ein Mini-Menü, das *Formule rapide* mit Hauptgericht, Dessert, Kaffee.

Das klassische Abendmenü

Bei der Ankunft zum großen Abendmenü wird man vom Kellner begrüßt und an den reservierten Tisch geführt. (Nennen Sie ihn stets Monsieur, keinesfalls Garçon, wie man in schlechten Sprachführern immer noch liest!) Man erhält die Speisekarte (»La carte, s'il vous plaît!«) und kann den Aperitif bestellen. In gehobenen Restaurants gibt es neben dem Kellner einen Weinkellner *(sommelier)* – man darf ruhig nach Empfehlungen fragen. Nun kommt ein kleines *amuse-bouche:* Diese Appetithäppchen

Ess-Meilen

Das Viertel um die Kathedrale (Rue du Maroquin, Place du Marché aux Cochons de Lait) ist ein fruchtbarer Boden für relativ touristische Winstubs. Überquert man die breite Rue du Marché aux Poissons, findet man in den Gassenzügen um Rue des Tonneliers, Rue de l'Ecurie, Rue de l'Epine eine Konzentration eher zeitgeistiger, neuer Restos. Viele kleine ethnische Restaurants und Snacks, im Sommer mit Tischen auf der Straße, säumen die Grand-Rue. Mehrere, meist preiswertere Restaurants und Brasserien finden sich auch am Quai des Bateliers sowie in den unspektakulären, ein wenig bohèmehaft-alternativen Quartiers Krutenau und Finkwiller.

sind meist sichere Vorboten der Klasse des Küchenchefs. Dann folgt das Brot, das nach dem Hauptgang abgeräumt wird, der Wein wird zum Verkosten eingeschenkt (natürlich kann das auch die Dame übernehmen). Am besten ordert man ein stilles Mineralwasser *(eau minérale sans gaz)* dazu.

Nur ein Tellergericht zu bestellen ist unmöglich, man isst mindestens **drei Gänge:** zunächst Suppe, Salat, Terrine de Foie gras, kleines Fischgericht oder sonstige Vorspeise, dann das Hauptgericht mit Fisch oder Fleisch. Den Käse oder Nachtisch (in dieser Reihenfolge) bestellt man erst, wenn das Hauptgericht abgeräumt ist (»Désirez-vous un dessert?«). Am Ende kommt der Kaffee, ein kleiner Schwarzer mit Zucker und Patisserie. Und/oder ein Verdauungsschnaps *(digestif)*, etwa ein Obstbrand – wenn Sie Geld übrig haben und Eindruck machen wollen, bestellen Sie einen von Metté aus Ribeauvillé.

Chefköche des Elsass

Mehr als 150 Restaurants aller Preiskategorien haben sich in der **Fédération des Chefs de Cuisine Restaurateurs d'Alsace** zusammengeschlossen. Unter ihrem Emblem, der Strichzeichnung einer Kochmütze, finden Sie eine Küche vor, die frische Produkte verwendet und die Traditionen der französischen Küche pflegt.
Im Internet:
www.restaurateurs-alsace.com.
Ein Faltblatt mit den Adressen aller Mitglieder gibt es bei:
6, pl. de Bordeaux
67080 Strasbourg Cedex
Tel. 03 88 25 05 15
Fax 03 88 25 08 46

Elsässischer Wein

Das Elsass ist seit Römerzeiten Weinland. In der traditionellen *flûte,* der schlanken grünen Flasche, sind die AOC-Qualitätsweine (Appellation d'origine contrôlée) abgefüllt. Die sieben im Elsass angebauten Rebsorten sind:
Pinot Blanc: frischer, fruchtiger Weißburgunder,
Sylvaner: leicht und trocken,
Pinot Noir: fruchtiger Spätburgunder, als Rotwein oder Rosé ausgebaut,
Riesling: trocken, der Klassiker,
Gewürztraminer: parfümiert, kräftig-voll,
Pinot Gris: kräftiger, bukettreicher Grauburgunder,
Muscat: aromatischer Weißer, Muskateller.
Von Riesling, Gewürztraminer, Pinot Gris und Muscat gibt es **Grands Crus,** Edelgewächse besonders bevorzugter und streng ausgewiesener Lagen.

In guten Jahren kann der Winzer **Spätlesen** (Vendanges Tardives) und **Trockenbeerenauslesen** (Sélection de Grains Nobles) produzieren, die besonders gehaltreich und teuer sind.

Der **Crémant d'Alsace** ist ein trockener Sekt, der aus elsässischen Qualitätsweinen nach der Champagnermethode hergestellt wird.

Über den bekannten **Edelzwicker,** einen Verschnittwein, rümpfen Kenner eher die Nase. Er besitzt kein AOC-Prädikat und kann am nächsten Tag zu schweren Köpfen führen.

Elsässisches Bier

Straßburg ist das Zentrum der elsässischen Bierproduktion und das Elsass das Zentrum der französischen Bierproduktion (s. S. 65 und 116). Man darf im Restaurant also durchaus statt Wein auch ein Bier bestellen: »Une kro, s'il-vous plaît.«

Gut & günstig

Ancienne Chapelle (D 6)
2b, place des Orphelins
Tel. 03 88 35 35 37
Di–Sa 12–14, 19–22 Uhr
Menü 14–20 €
Straßburgs Dependance des französischen Südwestens (s. S. 111) in einem gelben Häuschen mit Hinterhof, direkt gegenüber der Kinderspielplatz.

Le Cornichon Masqué (D 6)
17, place du Marché Gayot
Tel. 03 88 25 11 34
Di–Sa 9–16, 18–0.30 Uhr
Ca. 15 €
Auf der schattigen Terrasse oder im verwinkelten Restaurant des Fachwerkhauses an einem der angesagtesten Plätze Straßburgs bekommt man frisch gepresste Säfte, aus frischen Zutaten hergestellte Sandwiches mit den Namen gebenden Gewürzgürkchen oder frisch gezupften Kräutern, Salate und kleine Speisen für wenig Geld (s. S. 63).

La Crêpe Gourmande (D 6)
11, rue des Tonneliers
Tel. 03 88 22 12 82
Mo, So 18.30–23.30, Di–Sa 12–14, 18.30–23.30 Uhr
Zwei Crêpes und Salat ca. 22 €
Eine Riesenauswahl an *galettes* (salzige Crêpes), z. B. mit Tomaten und Ziegenkäse, und *sucrés* (Dessertcrêpes), z. B. mit Gewürzbrot, Zimteis und Sahne; intimer, enger Gastraum mit grünem Holz; die herzliche *patronne* erklärt gern die Tagesangebote; im Sommer stehen Tische vor dem alten Fachwerkeckhaus.

L'Epicerie (C 6)
6, rue du vieux Seigle
Tel. 03 88 32 52 41
tgl. 11.30–1.30 Uhr
Tartine 4–5 €
Zwischen ausgesucht altertümlicher Einrichtung trifft sich die Straßburger Jugend in dem kleinen, überaus kommunikativen Raum irgendwo zwischen Restaurant und Café. Es gibt Suppe, Salate und eben Tartines, z.B. mit Pflaumen und Blauschimmelkäse. Die Übersetzung, (heiße) Stulle, wird der kleinen Köstlichkeit nur annähernd gerecht.

Flam's (D 6)
29, rue des Frères
Tel. 03 88 36 36 90
tgl. 11.30–24 Uhr
Flammkuchen (Flams) ab 5,40; Flam und Vor- oder Nachspeise 12,30 €; das Kindermenü mit Dessert und Getränk (4,10 €) gibt es Sonntag Mittag umsonst!

Günstiger essen

In der Regel ist ein vom Küchenchef zusammengestelltes Menü – auch hier hat man meist Wahlmöglichkeiten innerhalb der einzelnen Gänge – preiswerter als à la carte. Manchmal werden sogar passende Weine zu jedem Gang angeboten *(vins compris)*. Mittags zu essen kostet immer weniger als abends: eine gute Möglichkeit, die vielleicht sonst unerschwingliche Küche eines Spitzenrestaurants auszuprobieren. Im 2-Sterne-Restaurant ›Au Crocodile‹ kostet z. B. ein Mittagsmenü 58 €, abends 115 €. Machen Sie mittags mal ein Picknick an der Ill oder in einem der erholsamen Parks. In Feinkostläden oder auf Wochenmärkten kann man sich mit allem möglichen Essbaren eindecken.

Kulinarisches Lexikon

Regionale Küche

Baeckeoffe Fleischeintopf mit Weißwein, Kartoffeln, Möhren, Zwiebeln, Lorbeer, Pfeffer und Knoblauch
Bibeleskäs mit G'schwellti Quark mit in der Schale gegarten Kartoffeln, dazu rohe Zwiebeln und Knoblauch
Birewecka Früchtebrot
boudin Blutwurst, z. B. in einer Blätterteighülle
choucroute Sauerkraut; auf dem gehobelten, sauer eingelegten Weißkohlgemüse thronen Würste, Kassler, Schweinebauch oder Schweinshaxe
coq au Riesling Hühnchen in Riesling gekocht
Fleischkiechle Hackfleischklopse gebraten
Fleischschnacka ›Schnecke‹ aus Nudelteig und Gehacktem
foie gras d'oie Gänsestopfleber, kann gebraten als ganze Leber serviert werden, häufiger ist jedoch die Pastete gemeint, bei der die Leber zerkleinert, mit einer Gewürzmischung verfeinert und in der Terrinne gegart wird. Gibt es auch als *foie gras de canard,* also Entenstopfleber.
Knepflas Klöße
Lawerknepfle Knödel aus Schweine- und Rinderleber
Munster ein Weichkäse aus Rohmilch, wird auch gern mit Kümmel gegessen (Munster au cumin), ›Munster fermier‹ stammt aus bäuerlicher Produktion
Presskopf Schweinskopfsülze
Roigabrageldi gebratene rohe Kartoffel mit Zwiebeln
Süri Nierli Saure Nieren
Schiffala Schweineschulter

Französische Küche

à la jardinière mit Gemüsebeilage
assiette de charcuterie Wurstplatte
bavette d'aloyau Filetspitzen
cèpes Steinpilze
chanterelles Pfifferlinge
chèvre chaud warmer Ziegenkäse, oft auf Salat
coq au vin Hühnchen mit Gemüse in Rotwein
cuisses de grenouille Froschschenkel
entrecôte Zwischenrippenstück, meist als Steak gebraten
épinard Spinat
fermier, fermière vom Bauernhof, nicht industriell erzeugt
foie de canard Entenleber
foie de veau Kalbsleber
gésiers de volaille Geflügelmägen
gigot d'agnot Lammkeule
jambon cru Schinken ungeräuchert
joue de porc zartes Fleisch der Schweinebacke im Darm gebraten
jus de cuisson Bratenfonds
jus de noix Sauce mit Walnuss
magret de canard Entenbrust
papillote de veau Kalbsrouladen
pavé ›Viereck‹, bezeichnet Kuchen, Filetstücke oder Käse
petit salé Kasslerfleisch
petits gris eine Schneckenart
pied de porc Schweinshaxe
pignons de pins Pinienkerne
poitrine de pintade Brüstchen vom Perlhuhn
porc rôti salé Kassler
potée Gemüseeintopf mit Kassler
Quiche lorraine Specktorte
rillettes eingekochtes Schweinefleisch
ris de veau Kalbsbries (Kalbshirn)
selle d'agneau Lammrücken

steak frites Steak mit Pommes frites
steak hachée Frikadelle, Bulette
tarte à l'oignon Zwiebelkuchen
terrine de foie gras Pastete mit Gänseleber
tripes Kutteln
tripoux eingekochte Würste mit Kalbsinnereien

Fisch & Meeresfrüchte

anguille Aal
brochet Hecht
cabillaud Kabeljau
calmar frit gebratener Tintenfisch
carpe Karpfen
coquilles St-Jacques Jakobsmuscheln
daurade Goldbrasse
écrivisse Flusskrebs
hareng Hering
homard Hummer
huîtres Austern
maquereau Makrele
moules Miesmuscheln
rouget Rotbarbe
sandre Zander
sole Seezunge
truite Forelle
turbot Steinbutt

Getränke

Amer bière Bier mit bittersüßem Zusatz, beliebter Aperitif
(bière) blonde helles Bier
(bière) brune dunkles Bier
(bière) pression gezapftes Bier
café Espresso
café au lait Kaffee mit Milch
Crémant elsässischer Sekt
demi panaché Alsterwasser
Diabolo menthe Pfefferminzsirup mit Mineralwasser
Eau-de-vie Obstbrand
eau plate Leitungswasser
eau (non) gazeuse Mineralwasser mit (ohne) Kohlensäure
grand cru exzellente Weine aus festgelegten Lagen
infusion Kräutertee
panaché Cola mit Limo
Pinot Noir Spätburgunder
Quetsch Zwetschgenobstbrand
thé Tee
Tokay Pinot Gris Grauburgunder
vin en pichet offener Wein

Frühstück

beurre Butter
charcuterie Wurstaufschnitt
confiture Marmelade
fromage Käse
lait Milch
miel Honig
œuf Ei
pain (Weiß-) Brot
sucre Zucker

Süßspeisen

Bredele Weihnachtsplätzchen mit Anis und Zimt
bretzel süß oder salzig
brioche Brot aus fettem, süßem Hefeteig
Kougelhopf das elsässische Nationalgebäck: Hefenapfkuchen mit Rosinen und Mandeln (Gugelhupf)
pâté de pommes gedeckter Apfelkuchen
tarte aux framboises Mürbteigkuchen mit Himbeeren

Obst

cérises Kirschen
fraises Erdbeeren
framboises Himbeeren
pêche Pfirsich
poires Birnen
prunes Pflaumen
raisins Trauben

In leuchtend rot-gelbem, modernem Ambiente kommen bei dieser freundlichen kleinen Kette große Bretter mit Flammkuchen auf den Tisch: überbacken, mit Ziegenkäse und Honig, mit Munster oder Hackfleisch, provenzalisch oder indisch.

Le hk (C 5)

12, rue du Vieux Marché aux Grains
Tel. 03 88 32 11 05
Mo–Do 11–18.30, Fr/Sa bis 22 Uhr
Tagesgericht und Dessert 12 €
Die *plateaux* (Fisch oder Fleisch und Dessert) haben ein exzellentes Preis-Leistungs-Verhältnis; auch Strauß und Känguru. Bunt-modernes, ein wenig studentisches Design, proppevoll; in einem von der Einkaufsstraße Rue des Grandes Arcades abgehenden Sträßchen.

Le Jardin de Pourtalès (K 1)

161, rue Mélanie
Tel. 03 88 45 75 17
tgl. 12–22 Uhr
Menüs 23–30 €
Im Pförtnerhaus am Eingang zum Parc de Pourtalès offeriert dieses neu eröffnete Ausflugslokal traditionelle französische und elsässische Küche wie Wildschwein und Choucroute, aber auch Antilope oder Känguruh. Lauschig ist die schattige Terrasse.

Formule Jeunes

Unter diesem Titel bieten die Gourmetköche ›Etoiles d'Alsace‹ seit vielen Jahren ein festes Menü für junge Leute unter 35 Jahren an, eine exzellente Möglichkeit zum Kennenlernen der elsässischen Spitzenküche. Das Winstubmenü ›Formule Winstub‹ für 36 € gibt's im Ami Schutz; das ›Formule Prestige‹ für 90 € im Crocodile.
Im Internet:
www.formule-jeunes.com.

Poêles de Carottes (C 6)

2, pl. des Meuniers
Tel. 03 88 32 33 23
Mo–Sa 12–14, 19–22.30 Uhr
Mittagsmenü 10,50 €
Schmackhafte vegetarische Küche mit üppigen Portionen, im Sommer kann man biologische Fruchtsäfte, Gemüse mit viel Olivenöl, Salate und Pasteten auch draußen genießen.

Sécrets de Table (C 6)

39, rue du 22–Novembre
Tel. 03 88 21 09 10
Di–Sa 11–18 Uhr
Salat oder Baguette 4–5 €
Jean, der Bruder Eric Westermanns vom ›Buerehiesel‹, bietet in seinem minimalistischen kleinen Schnellrestaurant aus hellem Holz Suppe, Salate, überbackene Brote, gefüllte Baguettes und Nachtisch aus frischen Qualitätsprodukten und selbst gefertigtem Brot. Zeitgenössische Rezepte wie Karotten-Koriander-Honig-Suppe oder Baguette mit Thunfisch und Salat. Die paar Tische zum Sitzen und Stehen füllen sich in schnellem Wechsel. Dependancen in den Galeries Lafayettes und Rue Hirschler.

Traditionslokale – Winstubs

Ami Schutz (C 6)

1, Ponts Couverts, Petite France
Tel. 03 88 32 76 98
www.ami-schutz.com
Mo–So 12–14, 19–22.30 Uhr
Menüs ab 34 €

Straßburgs berühmteste Winstub: das Burjerstuewel bei Yvonne

Die malerischste Bierstub Frankreichs, gediegen holzgetäfelt, des Jahres 1990, liegt zwischen zwei Ill-Armen. Im Ami Schutz wird eine gelungene Regionalküche mit kulinarischen Tendenzen serviert: Schweinshaxe, Weihnachtsbier und Tannenhonig, Blutwurst mit karamellisierten Birnen. Im Sommer bietet die wundervolle Terrasse auch Schatten.

La Coccinelle (D 6)

22, rue Ste-Madeleine, Krutenau
Tel. 03 88 36 19 27
Mo–Fr 12–14, 19–22, Sa 19–22 Uhr
Menü ab 23 €
Freundliche Bedienung und leckere Regionalspezialitäten wie mürbes Wädele und Bibeleskäs mit Bratkartoffeln, Knoblauch und Zwiebeln, preiswerte Foie gras, gelegentlich Baeckeoffe. Holzbalken teilen den rustikalen, mit elsässischem Nippes geschmückten Gastraum in zwei Hälften.

Pfifferbriader (D 6)

9, place du Marché aux Cochons de Lait
Tel. 03 88 32 15 43
Mo–Sa 12–23 Uhr
Menü ab 15 €
Die letzte erhaltene der mittelalterlichen Verkaufsbuden um das alte Schlachthaus (Grande Boucherie; s. Tour 1, S. 108). Die rustikale Winstub wird weniger von Einheimischen als von Touristen besucht, aber die elsässischen Stammgerichte wie Choucroute und Baeckeoffe sind gekonnt und höchst schmackhaft zubereitet.

Highlight 1

Au Pont du Corbeau (D 6)

21, quai St-Nicolas, Krutenau
Tel. 03 88 35 60 68
Mo–Fr 12–14.30, 18.45–23,
Sa 18.45–23 Uhr
à la ca carte ca. 30 €

Hier gibt es regionale Hausmacherküche vom Besten: Eisbein und köstliche Blutwurst im Teigmantel. Der holzvertäfelte Gastraum imitiert die Renaissance-Inneneinrichtung der Bürgerhäuser, die man im nahen Musée Alsacien sehen kann, an den Wänden Stiche von Fuchs. Sehr beliebt bei Straßburger Stammgästen, brodelnde Atmosphäre. Lassen Sie sich von der ziemlich heruntergekommenen Fassade nicht abschrecken!

S'Thomas Stuebel (C 6)

5, rue du Bouclier, Petite France
Tel. 03 88 22 34 82
Di–Sa 12–13.30, 19–21.30 Uhr
Tagesgericht 8–13 €

Immer gut besuchte, unprätentiöse und gastfreundliche Winstub im Viertel um die Kirche St-Thomas; der recht kontaktfreudige Wirt empfiehlt die Tagesgerichte wie Fleischschnacka oder die halben Portionen als Vorspeise wie einen Salat mit Geflügelleber und Himbeeressig.

Chez Yvonne (S'Burjerstuewel) (D 5)

10, rue du Sanglier
Tel. 03 88 32 84 15
www.chez-yvonne.net
tgl. 12–14, 18–23.30 Uhr
Der Archetyp einer Winstub, wo schon Gorbatschow und Jelzin tafelten – holzvertäfelte Wände und Decke, Holzbänke, rot-weiß karierte Tischtücher, serviert werden Winzertorte, Eisbein und elsässische Schnecken –, erstreckt sich über zwei Stockwerke im Fußgänger-Einkaufszentrum nahe der Kathedrale. Wegen der langen Öffnungszeiten ist das Lokal auch beliebt bei Nachtschwärmern.

Zuem Strissel (D 6)

5, place de la Grande Boucherie
Tel. 03 88 32 14 73
Di–Sa 12–14, 17.30–22 Uhr
Menü ca. 19 €
Unter dem Straußenzeichen ist durchgängig geöffnet, und man darf, auch das ist in den Straßburger Winstubs einzigartig, nur etwas trinken. Touristen und Stammgäste lassen sich die Standardgerichte (anständig, nicht mehr) schmecken: Das Elsass wie aus dem Hansi-Bilderbuch, zwischen bleiverglasten Fenstern mit Zunftwappen, klobig Geschnitztem und barocköser Holzvertäfelung. Bringen Sie Hunger mit, denn sowohl Fischklößchen als auch Rhabarbertarte haben es in sich!

Qualität bezahlbar

Le Bistro Romain (C 6)

18, rue du Vieux Marché aux Grains
Tel. 03 88 32 18 34
Mo–Do 11.30–23.30,
Fr–So bis 0.30 Uhr
Menüs 10–25 €
Die vielen Plätze des verschachtelten und daher intimen neoklassizistischen Interieurs mit rotseidenen Tapeten, Goldrahmen und alten Stichen sind fast immer belegt; die Menüs sind schmackhaft, z. B. Salat mit Entenstopfleber.

La Cloche à Fromage (D 6)

27, rue des Tonneliers
Tel. 03 88 23 13 19
Di–So 12–14, 19–22.30 Uhr
Menü 25 €
Rustikaler Charme um die Namen gebende, laut Guinness-Buch größte Käseglocke der Welt; im Mittelpunkt ste-

Fast ein Kunstwerk: Winstub ›Zum alten Straßburg‹

hen die 200 Rohmilchkäse, die auch im Käsegeschäft direkt gegenüber verkauft werden.

Le Gavroche (D 6)

4, rue Klein
Tel. 03 88 36 82 89
www.gavroche.fr
Mo–Fr 12–14, 18.30–22 Uhr
Menüs 35 (3 Gänge), 53 (5 Gänge), Kindermenü 10 €
Hinter der Holzfassade in der Krutenau versteckt sich ein in lichten Gelb- und Weißtönen gehaltenen Restaurant mit Gourmettendenz. Wachtelspießchen mit lackierter Gänsestopfleber oder Lamm mit Joghurt *à l'indienne* zeigen, dass sich hier Kochtraditionen von nah und fern mischen. Zusätzlicher Leckerbissen: Auf der Homepage verrät Koch Benoît Fuchs Rezepte für ›Käsknepfs‹ (Käseklößchen) oder Hirschragout in Rotwein.

Die Choucrouterie

Hier fühlt man sich spontan wohl: In einer ehemaligen Sauerkrautfabrik führt der ›elsässische Barde‹ Roger Siffer diese von Künstlern, grünen Politikern und Anhängern der ›elsässischen Renaissance‹ frequentierte preiswerte Winstub/Restaurant, charmant mit Antiquitäten, Flohmarkttrödel, Glasperlenlampen, Tomi Ungerer-Grafiken und jeder Menge Alsatica eingerichtet. Manchmal halten Stammgäste aus der Musikszene eine spontane Jam-Session ab. Die innovative, schmackhafte Regionalküche kennt neben Baeckeoffe mehrere Sauerkrautvarianten, darunter mit Räucherfisch, mit geräucherten Entenschenkeln und Zwiebelkonfitüre sowie (auf Vorbestellung) eine koschere mit Räucherrindfleisch und Knoblauchwurst; Vorspeisen: Salate, Munsterpastete, Rindersauerbraten mit Dörrobst und … Sauerkrautsalat. Über den Hof liegt das dazugehörige elsässische Theater/Kabarett (s. S. 75).

La Choucrouterie (C6)
20, rue St-Louis, Finkwiller
Tel. 03 88 36 52 87
Mo–Fr 12–14, 18–1,
Sa 18–1 Uhr
Sauerkrautgerichte ca. 15 €

Le Petit Ours (C 6)

3, rue de l'Ecurie
Tel. 03 88 32 13 21
tgl. 12–14, 19–22.30, Fr/Sa bis 23 Uhr
Formule rapide 11,90, 3-Gang-Menü 24,90 €
Das helle, zeitgenössisch-schlichte Design mit viel Bär passt zur Küchenphilosophie, die sich um Kräuter- und Gewürzthemen dreht: Zanderfilet mit Vanille-Sahne-Sauce, honiglackierte Entenbrust mit Gewürzbrot. Neu und gut.

La Petite Ecurie

s. S. 69

Au Petit Tonnelier

s. S. 69

Le Pont aux Chats (E 6)

42, rue de la Krutenau, Krutenau
Tel. 03 88 24 08 77
Mo, Di, Do, Fr, So 12–14, 19.30–22.15, Sa 19.30–22.15 Uhr
Menüs ab 27 €
Versteckt in einem etwas heruntergekommen wirkenden Fachwerkhaus wird hier in einem rustikalen, mit dezentem ›kätzischen‹ Schnickschnack gewürzten Ambiente eine bürgerlich-schmackhafte Küche – z. B. warmer Käse mit Bratkartoffeln und Salat – serviert.

Au Renard Prêchant (E 6)

34, rue de Zurich, Krutenau
Tel. 03 88 35 62 87
Mo–Fr 12–14, 18–22, Sa 18–23 Uhr
Hauptgericht 14 €
Einzigartiger Rahmen mit bunten Bleiglasfenstern in einem Bauensemble aus spätgotischer Kapelle und Fachwerkhaus (s. S. 111). Einfach und lecker zubereitete fleischige Genüsse, z. B. Schweinefilet mit drei Käsen.

Umami (C 6)

8, rue des Dentelles, Petite France
Tel. 03 88 32 80 53
www.restaurant-umami.com
3-Gang-Menü 35 €
Der bekannte Straßburger Gastronom René Fieger vom Panier du Marché (s. S. 47) bringt in seinem brandneuen Restaurant modernste Küche mit asiatischem Einschlag auf die weiß gedeckten Tische, an denen man in schicken roten Sesseln und auf einer schicken roten Bank sitzt. Langustinen mit Sesamkruste, Mangogelee und Tobiko sind ungeheuer ›schmackhaft‹, was auch die Übersetzung von *umami* ist.

Klassiker

L'Alsace à Table (C 6)

8, rue des Francs Bourgeois
Tel. 03 88 32 50 62
www.maison-kammerzell.com
12–14.30, 19–23 Uhr
Menüs 22, 27 €
In diesem im Neojugendstil eingerichteten Restaurant von Guy-Pierre Baumann dreht sich alles um Fisch und Meeresfrüchte, z. B. das berühmte Sauerkraut mit drei Fischen oder die große Meeresfrüchteplatte. Vor gut zwei Jahrzehnten war das für elsässische Küchentraditionalisten der Graus.

La Cambuse (C 6)

1, rue des Dentelles, Petite France
Tel. 03 88 22 10 22
Di–Sa 12–14, 19–22 Uhr
à la carte 48–52 €
Frischer, köstlich zubereiteter Fisch und Meeresfrüchte – Fischsuppe, Ingwer-Kräuter-Rotbarbe, Curry-Krebs-Flan – an acht begehrten Tischen in maritimem, wie ein Boot eingerichtetem Interieur; dazu munden die frischen Elsässer-Weine.

Maison Kammerzell (D 6)

16, pl. de la Cathédrale
Tel. 03 88 32 42 14
www.maison-kammerzell.com
tgl. 11.30–14.30, 18.30–23 Uhr
Menüs 29–45 €
Seit über zehn Jahren führt Guy-Pierre Baumann diese bei Touristen und Straßburger Geschäftsleuten beliebte Institution im Renaissance-Fachwerkhaus Kammerzell (s. S. 88) mit den teils burlesken, teils schwermütigen Fresken Leo Schnugs von 1904/05; berühmt ist das Choucroute, vor allem mit Fisch; die regionale, sehr schmackhafte Küche hat kulinarische Ambitionen und ist trotz der touristischen Location nicht zu teuer.

Panier du Marché (C 6)

15, rue Ste-Barbe
Tel. 03 88 32 04 07
Mo–Fr 12–13.30, 19–22 Uhr
Menü 27 €
Beliebtes Bistro-ähnliches Restaurant in mediterranen Farben mit einem sagenhaften Preis-Leistungs-Verhältnis im wechselnden Menü mit Zutaten vom frischesten Marktangebot. Keine ›grande cuisine‹, aber lecker, z. B. Gänseleber auf Mohnstrudel oder Entrecôte mit Sellerie-Kartoffel-Törtchen. Frühzeitig reservieren!

Relais de la Poste (außerhalb)

21, rue du Général-de-Gaulle,
La Wantzenau,
Tram B – Pont Phario, dann Bus Nr. 72 – La Wantzenau Eglise
Tel. 03 88 59 24 80
Fax 03 88 59 24 89
www.relais-poste.com
Di–Fr 12–14, 19–22.30 Uhr,
Sa 19–22.30, So 12–14 Uhr
Regionalmenü 49 €

In diesem für seine Restaurants bekannten Fischerdorf an der Ill, bei den Straßburgern beliebt für Sonntagsausflüge, kredenzt dieser Traditionsgasthof in einem Fachwerkhaus eine exquisite, mit einem Michelin-Stern bedachte frische Regionalküche, so etwa Gänseleber mit Muskatellergelee für 39 €. Der Speisesaal ist gediegen holzgetäfelt, ein hellerer Wintergarten ermöglicht den Blick nach draußen. Die edelrustikalen oder modernen Zimmer kosten 80–130 €.

Internationale Spitzenküche

Au Crocodile (D 5)

10, rue de l'Outre
Tel. 03 88 32 13 02
Fax 03 88 75 72 01
www.au-crocodile.com
Di–Sa 12–13.30, 19.30–21.30 Uhr
Menüs mittags ab 58, abends ab 86 €
Emile Jungs Kochkunst unter dem emblematischen Krokodil, das Kapitän Ackermann, Adjutant in der Armee General Klébers, nach gefahrvoller Aktion am Nil erjagt haben soll, weiß regionale Traditionen gekonnt mit der klassisch französischen *Haute Cuisine* zu verbinden. Als der Michelin ihn vor wenigen Jahren von drei auf zwei Sterne herunterstufte, war das eine Art Revolution. In großbürgerlichem Ambiente, das wie eine 1970er-Jahre-Version barocker Inneneinrichtung wirkt, speist man z. B. das Menu TGV für 115 €. In dem 8-gängigen Gaumenwunder gibt es auch mit Gänseleberpastete gefüllte Wachtel an Grünkohlcreme mit Madeirasauce. Tipp: Ausdrücklich für den großen Saal bestellen, sonst wird man im nicht ganz so schönen ›Touristenvorsaal‹ platziert.

Zu neuen Ufern – im Gourmetrestaurant Buerehiesel

Highlight 2

Buerehiesel (G 4)

4, parc de l'Orangerie,
Bus Nr. 6 – Orangerie
Tel. 03 88 45 56 65
Fax 03 88 61 32 00
www.buerehiesel.fr
Di–Sa 12–14, 18.30–23 Uhr
Mittagsmenü 35, abends 65, 108 €
Der Übergang des Gourmettempels von Antoine auf seinen Sohn Eric Westermann war eine kleine Revolution, und da die Herren des Michelin keine Revolutionen mögen, entzogen sie dem Filius alle drei Sterne. Dennoch oder gerade deswegen lohnt es sich, diese exzellente, aber noch entwicklungsfähige Küche kennenzulernen. Abends spaziert man durch den Orangeriepark auf das festlich erleuchtete Renaissancefachwerkhaus von 1607 zu, das Balken für Bal-

ken aus Molsheim hierher versetzt wurde. Den lichten Speisesaalanbau, einen Wintergarten mit herrlichem Blick auf angestrahlte Baumriesen, hat der neue Hausherr vorsichtig modernisiert wie die Küche auch: Das Buerehiesel ist nun schnörkelloser, leichter zugänglich - und erheblich preiswerter. Klassiker wie die *Pattes Noires,* ein Baeckeoffe-Hähnchen mit kandierter Zitrone und Topinambur sind geblieben, doch als Amuse Bouche kitzelt nun ein orientalisches Fischknödelchen die Geschmacksnerven. Es folgen etwa Foie Gras, gebratener Hecht auf Kartoffelkuchen und Weißkohl, geschmorte Feigen mit Bibeleskassorbet. Der Service ist bei aller Freundlichkeit perfekt auf den Punkt. Beim Wein haben Sie die Wahl zwischen *vins de plaisir* ab 25 € und *vins de fête* bis zum 359 Euro-Burgunder.

Serge & Co (D 1)

14, rue des Pompiers, Schiltigheim
Bus 4,6 bis Schiltigheim Mairie
Tel. 03 88 18 96 19
www.serge-burckel.com
Di–Fr, So 12–14.30, Di–Sa 19–22 Uhr
Menüs 29 (werktag mittags), 68, 92 €
Serge Burckel, ein (nicht mehr ganz junger) Junger Wilder der zeitgenössischen Küche, hat sich nach Stationen in der weiten Welt in der Arbeiter- und Brauereistadt Schiltigheim niedergelassen. Seine phantasievollen, witzigen Kreationen spielen auf höchstem, vom Michelin mit einem Stern bedachten Niveau: Gänsestopfleber im karamellisierten Reispapierrand auf süßem Rettich, Jakobsmuscheln, die man selbst aus einer teigversiegelten Schale auspacken muss, als Nachtisch eine cremegefüllte Schokozigarre, die tatsächlich auf einem Aschenbecher qualmt, bevor man sie in der Sauce aus Vanille und roten Früchten löscht. Erlebnisgourmandise in lockerer Atmosphäre unter einer großen holzgeschnitzten Sonne, freundlich-aufmerksamer Service und exzellentes Preis-Leistungsverhältnis.

Aus aller Welt

Baalbek (E 8)

14, route du Polygone,
Tram D – Etoile Polygone
Tel. 03 88 84 18 42
Mo–Fr 12–14.30, 19–23,
Sa 19–23 Uhr
à la carte ca. 15 €
Klassische libanesische Küche in einem wundervoll kitschigen, orientalischen Rahmen mit blau gestrichenen Wänden und weißen Säulen und traditionell freundlichem Empfang: Sesam-, Erbsen- und Auberginenpüree, Makanek-Zimtwürstchen und andere exotische Köstlichkeiten mit Koriander und Zitronenaromen.

Case de L'Ile Bourbon (C 6)

34, Grand-Rue
Tel. 03 88 32 60 93
Di–Sa 12–14, 19–23,
So 19–23 Uhr
Probiermenü 20,50 €
Spezialitäten aus Réunion und kreolische Küche bietet dieses kleine, in Bambusoptik eingerichtete Restaurant, im Sommer auch draußen. Die Gewürze werden zu den exotischen Speisen – viel Fisch und Meeresfrüchte, aber auch Schaf oder Ziege – separat serviert.

Chan Chira (C 6)

2, rue des Moulins
Tel. 03 88 32 68 34
Sa–Mo 18.30–23, tgl. 12–14, 18.30–23 Uhr
Hauptgericht ca. 24 €

Inmitten der Fachwerkherrlichkeit der Petite France dringen starke fernöstliche Düfte aus diesem schummrig-exotischen Restaurant mit bester thailändischer Küche.

Osaka (C 5)

50, rue du Jeu des Enfants
Tel. 03 88 22 26 72
Mo–Sa 12–14, 19–23 Uhr
Menü ca. 22 €
In kühl-elegantem Ambiente kann man sich hier durch die Köstlichkeiten der japanischen Küche probieren: Sushi und Sashimi, Tepanyaki (auf dem heißen Stein zubereitet), jede Menge Fisch wie Karamelllachs, aber auch Gängigeres wie Hühnchen- und Wachtelspieße.

La Patrie (E 6)

1, rue des Balayeurs
Tel. 03 88 35 16 92
Di–Sa 12–14, 19–22 Uhr
Hauptgericht 15 €
Das modern, schlicht und mit nettem maritimem Dekor eingerichtete portugiesische Restaurant im Studentenviertel der Krutenau bietet vor allem Kabeljau *(morue)* in zehn verschiedenen Zubereitungsarten an, dazu z. B. Milchferkel mit Venusmuscheln, Paella und Cataplana. Besonders beliebt ist das preiswerte Mittagsmenü bei Studenten und Hiesigen.

Le Penjab (D 6)

12, rue des Tonneliers
Tel. 03 88 32 36 37
Mo, Do 19–22.30, Mo–Sa 12–14, 19–22.30 Uhr
Menüs 21, 42, 47 €
Vielleicht das beste indische Restaurant Frankreichs: In soigniertem Rahmen mit ziseliertem indischen Schnitzwerk und Bildern serviert Meisterkoch Eric Jenny klassische Tandooris, Chutneys, Samosas oder Biryanis aus dem Punjab – ein Feuerwerk der Gewürze und Aromen.

Le Saint-Fiacre (G 1)

86, rue St-Fiacre, Robertsau,
Bus Nr. 6 – Baillis
Tel. 03 88 31 64 94
Mo–Fr 12–14, 19–23, Sa 19–23 Uhr
Menüs mittags 8, abends 20, 28 €
Vor allem zum günstigen Mittagsmenü ist das authentische, unprätenziöse polnische Restaurant, das auch viel Russisches serviert, proppevoll: Pilzgerichte, Blinis, Piroggen, Borschtsch und das Nationalgericht Bigosch.

Salamboo-Amilkar (D 6)

2, rue de la Croix
Tel. 03 88 35 40 50
Mo–Sa 12–14.30, 18.30–22.30 Uhr
Menü 20 €
Tunesische Küche vom Feinsten serviert die Familie Ben Ahmed mit freundlichem Service in dem mit blauen orientalischen Kacheln geschmückten Restaurant mit viel Lokalkolorit: Couscous, Tajines, Briks, Chorba u. v. m.

Tapas Café (C 6)

16, rue du Bain Finkwiller, Finkwiller
Tel. 03 88 24 57 30
Mo–Fr 11.30–14.30, 18–1,
Sa/So 11.30–1 Uhr
Tapas ab 5 €
Kleine, preiswerte spanische Speisen wie Tapas, Tortillas, Schinken, Chorizo-Wurst in freundlich-modernem, mediterran getöntem Bodega-Ambiente mit Holzfässern etc., am Ill-Ufer. Nicht nur ein Restaurant, sondern auch eine beliebte Ausgehadresse (s. S. 65).

La Tour de Jade (D 4)

57, av. des Vosges
Tel. 03 88 35 14 37
Di–Fr 12–14, 18.30–22.30,

Mo, Sa 18.30–22.30 Uhr
à la carte ca. 35 €
Ein vietnamesisches Restaurant für Feinschmecker mit etwas schummrigem Ambiente: Wer sich nicht an Hai und Quallensuppe traut, ist mit den traditionelleren Grichten wie Dim Sums, Saté und Chop Suey oder auch einer Ingwerente gut bedient.

Villa Casella (D 6)

5, rue du Paon
Tel. 03 88 32 50 50
Mo–Fr 12–14, 19–23.30,
Sa 19–23.30 Uhr
Menüs 22, 40, 50 €
Klassisch-authentische italienische Trattoria mit Strohstühlen und Terrakottaboden. Köstliche Antipasti und Bruschetta, viel Fisch und ein göttliches Tiramisu kosten im Schnitt fürs Gebotene nicht zu viel.

Cafés & Salons de thé

L'Art Café (B 6)

1, pl. Jean Arp/im Musée d'Art Moderne et Contemporain
Tel. 03 88 22 18 88
Di–So 11–23 Uhr
Salat ca. 12, Abendmenü 22 €
Minimalistisch-edles Design im Museum, im Sommer eine Dachterrasse mit tollem Blick auf Ponts Couverts und Kahedrale; serviert werden kleine Speisen, leckerer Kaffee und Kuchen sowie ein Abendmenü, sonntags ist Brunch.

Man gönnt sich ja sonst nichts: Lesepause auf der Place du Marché Gayot

Der wohl beste Konditor/Pâtissier der Stadt: Eis, Pralinen, Konfekt, Kuchen und wahre Kunstwerke an Torten – die Auslage bestaunt sich wie ein Museum; der Salon de thé in der auf die Kathedrale zuführenden Rue Mercière ist ein verschachteltes Renaissancehaus mit originalen Baufeatures.

Café Brant (E 5)

11, pl. de l'Université, Universitätsviertel nahe Ill-Ufer
Tel. 03 88 36 89 05
Mo–Fr 7–20, Sa bis 19 Uhr
Studentencafé ein paar Schritte von der Goethe-Statue vor der Uni entfernt. Originelle, originale Einrichtung der 1930er Jahre mit vergoldeten Säulen und opulenten Lüstern. Kaffee, Kuchen, kleine Speisen – im Sommer auch Tische draußen.

Christian

10, rue Mercière (D 6), und
12, rue de l'Outre (C/D 5)
Tel. 03 88 22 12 70 und
03 88 32 04 41
Mo–Sa 7.30–18.45 Uhr

Cybercafé NeT SuR CouR (E 5)

18, quai des Pêcheurs
Tel. 03 88 35 66 76
Di–Fr 11.30–21,
Sa/So 14.30–19.30 Uhr
www.netsurcour.fr
Straßburg im Netz: neben Internet auch Büro- und Druckservice und Computerspiele.

Koenig (C 6)

10, rue des Francs Bourgeois
Tel. 03 88 32 28 36
Mo–Sa 8–18.30 Uhr
Fettgebackenes und kleine Pizzen, köstliche Früchte-Tartelettes und die verschiedensten Kougelhopfvarianten verkauft und serviert dieser Familienbetrieb in der siebten Generation; Mittagessen.

Snack Michel (D 5)

20, avenue de la Marseillaise, Wilhelminische Neustadt
Tel. 03 88 35 45 40
Mo–Fr 6–21, Sa 6–19 Uhr
Das wenig einladende Äußere dieses legendären Snacks, ein lieblos-düsterer 1970er-Jahre Bistro-Stil, sollte Sie nicht schrecken: Das Preis-Leistungs-Verhältnis, die freundliche Bedienung und die Qualität von Frühstück, Mittagessen, Kaffee und Abendsnack sind kaum zu überbieten.

Einkaufen

Der Storch (cigogne) ist das Wappentier des Elsass

Straßburg ist ein Einkaufsparadies, das viele Tagesbesucher aus den angrenzenden deutschen Regionen nutzen. Die Palette reicht von fast unbezahlbaren Edelboutiquen zu preiswertem Ramsch. Das Preisniveau entspricht in etwa dem deutschen, nur dass die teuren Dinge vielleicht noch einen Tick teurer sind. Die Übersichtlichkeit und das enge Beieinander von Geschäften, Cafés und Restaurants tragen wesentlich zum entspannten Shoppen bei. Dicht an dicht finden Sie hier Bekleidung, Kulinaria und Deko.

Einkaufsmeile Grand-Rue

Eine intime, fast dörflich entspannte Einkaufsatmosphäre findet man an der Grand-Rue, die schnurgerade durch den östlichen Teil der Innenstadt schneidet. Die Angebotspalette ist breit und reicht vom Teeladen zum Friseur, doch konzentriert kommen Geschäfte mit Schuhen, Kinderkleidung, Dessous und Boutiquen vor. Preiswerte Imbisse und ethnische Restaurants sprenkeln die bunte Einkaufswelt.

Im Internet: Unter www.commercants.com haben sich zahlreiche Straßburger Geschäftsleute aus den Bereichen Kulinaria, Deco und Habitat, Informatik/Medien, Kultur und Wein zusammengeschlossen; die Site bietet Adresse, Beschreibung etc. Auch in den französischen Gelben Seiten kann man unter www.pagesjaunes.fr Anbieter nach Rubriken suchen.

Highlight 3

Einkaufsviertel (C/D 5/6)

Das Einkaufsviertel nördlich der Kathedrale ist ein teils labyrinthisches Gewirr kleiner Gassen, in dem sich Geschäft an Geschäft reiht und zum mehr oder weniger ziellosen Schaufensterbummel einlädt. Die meisten Geschäfte liegen nördlich und westlich der Kathedrale. Das Viertel, ein grob rechteckiger Bereich, wird von den Geschäftsstraßen Rue des Hallebardes, Rue du Dôme, Rue de la Mésange/Rue de la Haute-Montée und Rue des Grandes Arcades gebildet (Kleidung, Deko, aber auch Feinkost). Dabei geht es um die Place Kléber etwas proletarischer als in dem feineren Ladenbereich um Rue de l'Outre/Place du Temple Neuf zu.

Antiquitäten & Flohmärkte

Zahlreiche Antiquitäten- und Trödelläden befinden sich an den Kais von Finkwiller und Krutenau. Es gibt ein Faltblatt beim Office de Tourisme (s. S. 20).

Alsace Antiquités (B 6)

21, rue de Molsheim
Tel. 03 88 32 79 84
Mo–Fr 14–19, Sa 10–12, 14–18 Uhr und nach Vereinbarung
Tram B, Haltestelle Laiterie
Auf drei Stockwerken an einem Hinterhof werden Antiquitäten, großteils Möbel, verkauft, restauriert und angekauft.

Altbüchermarkt/ Marché aux livres (C/D 6)

Place und Rue Gutenberg/ Rue des Hallebardes
Di, Mi, Sa 9–18 Uhr
An den drei Tagen verwandelt sich die Place Gutenberg in ein riesiges modernes Antiquariat mit zahlreichen Bücherständen professioneller Händler: Schnäppchen, alte Bücher, Postkarten, Poster, Briefmarken.

Antiquaires du Rhin

18, rue de l'Ardèche, Meinau
Tel. 03 88 79 44 94
Mo, Fr 14–18.30, Sa 10–18.30, 2. So im Monat 14–18.30 Uhr
An die 30 Einzelverkäufer und -ankäufer von Antiquitäten, hauptsächlich Möbel, in einer Gewerbehalle im Gewerbegebiet.

Brocanterie (D 6)

18, rue du Vieil Hôpital
Tel. 03 88 32 52 79
Mo/Di, Do 10–12, 14–18.30,
Mi, Sa 8–19 Uhr
Ob chinesische oder elsässische Volkskunst, Stiche oder antiker Nippes – eine große Auswahl für Kenner.

Trödelmarkt/ Marché à la brocante (D 6)

Rue du Vieil Hôpital/Place de la Grande Boucherie
Mi und Sa 9–18 Uhr
Zahlreiche Trödelhändler aus der gesamten Region bieten Möbel, Kleidung, Glas, Bücher, Schmuck und Bilder zum Verkauf an.

Wacken (E/F 3)

(Ausstellungsgelände)
Auf dem großen Ausstellungsgelände werden am 3. Februar-Wochenende, Mitte Mai, am 3. September-Wochenende sowie am 1. Dezember-Wochenende Trödelmärkte *(puces brocantes)* abgehalten (Tel. 03 88 37 21 21). Die Auswahl bei den vielen Händlern aus ganz Frankreich ist fulminant.

Bücher & CDs

Ancienne Librairie Gangloff (D 6)

20, pl. de la Cathédrale
Di–Fr 9–12, 14–19,
Sa 9–12, 14–18 Uhr
Das kleine, feine Antiquariat hat sich auf ›Alsatica‹ spezialisiert und verkauft Bücher ab dem 16. Jh., ja auch Inkunabeln: Wie man sich vorstellen kann, nicht billig. Das Schaufenster allein ist ein kleines Museum. Es werden auch Expertisen angefertigt.

La Bouquinette (D 5)

28, rue des Juifs
Mo 14–19, Di–Fr 10–12.30, 13.30–19, Sa 10–19 Uhr
Diese gemütliche Buchhandlung für Kinder von 0–16 Jahren verkauft nicht

nur Harry Potter, sondern hat es sich zum Ziel gesetzt, die Kids zum Lesen hinzuführen. Daneben sind Hörbücher, CD-Spiele und nette Deko-Nippes-Sachen im Angebot.

FNAC (C 5)

22, pl. Kléber
Mo–Fr 10–19, Sa 9–19 Uhr
Die Straßburger Dependance dieser frankreichweiten Buch- und Medien-Großkette ist jetzt noch größer und noch besser sortiert: Bücher, TV, Hi-Fi, Video, Computer, CD und Foto, ausgebreitet auf mehreren Stockwerken in der Maison Rouge.

Funhouse (D 6)

2, rue des Veaux
Mo–Sa 13.30–18.30 Uhr
Trash-Kult-Laden mit neuen und gebrauchten CDs und Platten in alternativen Musikstilen von Wave bis Punk.

Librairie Kléber (C 5/6)

1, rue des Francs Bourgeois/ Place Kléber
Mo 10–19, Di–Sa 9.15–19 Uhr
Ausgezeichnet sortierte Großbuchhandlung, gute Auswahl an Reiseliteratur und elsässischen Themen, berühmt für die regelmäßigen Autorenlesungen.

Librairie Oberlin (C 6)

22, rue de la division Leclerc
Mo 14–19, Di–Sa 9.30–19 Uhr
Alteingesessene und publikumsfreundliche, vor allem auf dem Gebiet Alsatica sehr gut bestückte mittelgroße Buchhandlung.

L'Occase de l'oncle Tom (C 6)

119, Grand-Rue
Mo 13–19, Di–Fr 10.30–19, Sa 10–19 Uhr
Große Auswahl an gebrauchten CDs und Platten, im Erdgeschoss U-Musik von Rock bis Ethno, im 1. Stock Klassik und Jazz.

Galerien

Ein Extra-Faltblatt gibt's beim Office de Tourisme (s. S. 20).

Galerie Daniel Guidat Aktuaryus (D5)

23, rue de la Nuée Bleue
Tel. 03 88 22 44 44
www.galeriedanielguidat.com
Mo–Fr 9.30–12, 14–19, So 10.30–12.30 Uhr
Die alteingesessene Galerie zeigt hauptsächlich Arbeiten französischer Künstler, die auch etwas mehr kosten dürfen. Im Internet kann man sich die Ausstellungen anschauen.

Galerie d'Art Nicole Buck (D 6)

4, rue des Orfèvres
Tel. 03 88 22 63 09
Di–Sa 14–19 Uhr und nach Absprache
Zeitgenössische Kunst, vor allem regionale Künstler.

Galerie Lacan – L'Estampe (D 6)

31, quai des Bateliers, Krutenau
Tel. 03 88 36 84 11
Mo 14–18, Di–Fr 9–12, 14–19, Sa 10–12, 14–19 Uhr
Nomen est omen: Grafik, Stiche, Holzschnitte, alte von Flora, Fauna, Stadtansichten oder zeitgenössische, z. B. die witzigen des elsässischen Künstlers Raymond Waydelich. Die kleine Galerie liegt in jenem Bereich des Illufers, wo sich preiswerte Restaurants und Cafés, studentische Bars und Boutiquen befinden.

Geschenke, Souvenirs, Design

Art et Collections d'Alsace (D 6)
4, pl. du Marché aux Poissons
Di–Fr 10–12, 14–19,
Sa 10–12, 14–18 Uhr
Krawatten, Tücher, Gläser u. v. m. mit Motiven aus elsässischen Museen – sehr geschmackvoll.

Le Bilboquet (C 6)
1, rue de la Lanterne
Mo 14–19, Di–Sa 9.30–19 Uhr
Das Spielzeug hier, qualitativ hochwertig und viel aus Holz, ist nicht so exzessiv pädagogisch wertvoll, dass Kinder es langweilig fänden: Plüschtiere, Burgen und Küchen, Schaukelpferde, Gesellschaftsspiele und, ja, auch Plastikfigürchen.

Brin d'Herbe (C 5)
12, rue Grange
Mo 14–19, Di–Sa 10–18.30 Uhr
Qualitativ hochwertiges Holzspielzeug und Plüschtiere, die man am liebsten alle adoptieren möchte.

Fiesta Republic (C 6)
20, rue du Vieux Marché aux Grains
Mo 14–18, Di–Sa 10–19 Uhr
Partykostüme (karnevalstauglich) mit Schwerpunkt Grusel, Accessoires von der ausgestopften Ratte bis zum Hexenbesen, Perücken, Masken, Luftballons.

Habitat (C 5)
22/24, pl. Kléber
tgl. 10–18.30 Uhr
Möbel, Leuchten, Tischausstattung und Design-Kinkerlitzchen zum Verschenken und Zuhause-Hinstellen in kompromisslos zeitgenössischem Stil.

Kitchen Bazar (D 6)
7A, rue des Frères
Mo–Fr 10–13, 14–18.30,
Sa 10–18 Uhr
Kleiner, die Kauflust fördernder Laden mit Küchenmaschinen und Küchendesign vom Kaffeeautomaten bis zum Edelstahlsieb.

Un Noël en Alsace (C 6)
10, rue des Dentelles
Mo 14–19, Di–Sa 10–19 Uhr
In dem schmalen, nach hinten verzweigten Souvenirladen ist das ganze Jahr über Weihnachten. Engel, Weihnachtsmänner und Glitzerlitzchen, die man sich an den eigenen Tannenbaum hängen möchte – oder lieber doch nicht.

Objectif Bois (D 5)
6, rue des Juifs
Mo 14–19, Di–Sa 10–13, 14–19 Uhr
Edle, japanisch anmutende Verarbeitung von Massivkiefer (die Fabrik steht in den Südvogesen), Reispapier und Baumwolle zu Futons, Möbeln, Paravents, Kisten u. v. m. Qualität kostet.

Poterie d'Alsace (D 6)
3, rue des Frères
Di–Sa 9.30–12, 14.15–18.45 Uhr
Elsässische Keramik aus den Töpferdörfern Betschdorf (grau mit blauen Mustern) und Soufflenheim (bunt glasierte Ware auf Grün- und Brauntönen, die man in Ofen und Mikrowelle stellen kann): Kougelhopf-Formen, Baeckeoffe-Terrinen u. v. m.

Vitrines d'Alsace (D 6)
18, pl. de la Cathédrale
Mo–Sa 9.30–20, So 10–18 Uhr
Erträglich touristische elsässische Souvenirs: Tischdecken, Obstbrände, Porzellan, Glas, Spindler-Intarsienbilder.

Einkaufs-ABC

alimentation Lebensmittel
boucherie Metzgerei
boulangerie Bäckerei
brasserie Brauerei(ausschank)
charcuterie Wurstwaren
chocolatier Schokolade
fromagerie Käseladen
grand magasin Kaufhaus
libre service Selbstbedienung
occasion Schnäppchen
pâtisserie Konditorwaren
soldes Ausverkauf
traiteur Feinkosthersteller

Kaufhäuser

Centre Commercial des Halles (C 5)

Place des Halles
Mo–Fr 9–20, Sa 9–19 Uhr
In diesem riesigen Einkaufszentrum auf zwei Etagen gibt es alles, was das Herz begehrt, viel von der preiswert-billigen Sorte: Kleidung, Schuhgeschäfte, Spielzeug, Parfümerien; Lebensmittel in den Galeries Gourmandes.

Galeries Lafayette (C 5)

34, rue du 22 Novembre/Place Kléber
Mo–Sa 9–19 Uhr
Das vierstöckige Edelkaufhaus verführt auf den ersten Blick durch die eleganten und schicken Angebote im Erdgeschoss: Parfüms, Schals, Sonnenbrillen, Taschen, Schuhe etc. In den oberen Etagen Kleidung, Haushaltswaren etc.

Printemps (C 5)

1–5, rue de la Haute-Montée
Mo–Sa 9–19 Uhr
Dieses Kaufhaus hat wirklich alles. Auf dem Bekleidungssektor werden auch Renommiermarken wie Kenzo geführt. Im Café im 8. Stock hat man durch große Fenster einen fantastischen Blick über die Dächer von Straßburg bis zum Münster.

Lebensmittel & Süßes

Rue d'Austerlitz (D 6)

Die von der Place du Corbeau abgehende Fußgängerzone ist eine gute Adresse für handfeste, nicht zu teure Lebensmittelgeschäfte wie Bäckereien, Käseläden und Metzger *(charcutiers)*.

Boutique Edouard Artzner (D 5)

7, rue de la Mésange
Mo 15–19, Di–Fr 9–19,
Sa 8.30–18.30 Uhr
Der Traditionshersteller von Gänse- und Entenstopfleber: frisch, in Glas oder Dose als Confit oder Foie gras, Kougelhopf oder Presskopf (s. Tour 1, S. 108).

Au Doux Pays de France (D 5)

5, rue du Dôme
Mo 14–19, Di–Sa 9–19 Uhr
Ein Puppenhaus der süßen Genüsse, französische Kultur pur: Schokolade mit Zimt, Marc de Gewürztraminer u. v. m.

Frick-Lutz (D 5/6)

16, rue des Orfèvres
Mo 14–19, Di–Sa 9.30–13,
14.30–19 Uhr
In dieser grundehrlichen Metzgerei gibt es die ganze Palette elsässischer Wurstwaren: Schinken, Knacks, Choucroute, Bierwurst und Foie gras von Jean Lutz.

Traiteur Kirn (C 6)

19, rue du 22 Novembre
Mo–Fr 7.45–19,
Sa 7.30–18.30 Uhr
Die Auslagen lassen einem das Wasser im Mund zusammenlaufen: Gänse-

stopfleber, Winzertorte, Terrinen, Wurstwaren, Salate, Fisch und Fleisch sowie viele köstliche Gerichte, die zu Hause nur aufgewärmt werden müssen.

Nicolas Vins Fins (C 6)

105, Grand-Rue
Mo 14–19, Di–Sa 9.30–19 Uhr
18, rue des Orfèvres (D6)
Di–Fr 9.30–12.30, 14.30–19,
Sa 8.30–18.30 Uhr
Weinhandlung mit breitem Preissegment von um die 5 € pro Flasche bis zu Grand Crus der Extraklasse.

Palais des Thés (C 6)

124, Grand-Rue
Mo 14–19, Di–Sa 10–19 Uhr
An die 300 Teesorten – schwarz, grün, viele verschiedene Früchte – verkauft dieses kleine, feine, duftende Geschäft an der sympathischen Einkaufsstraße, dazu schönes Teegeschirr.

Cafés Reck (D 6)

8, rue de la Mésange
Di–Sa 8.30–18 Uhr
Riesenauswahl an Edelkaffees und Kakao aus Kolumbien, Costa Rica etc.; Geschirr elsässischer Künstler wie Tomi Ungerer.

Thierry Mulhaupt (D 6)

18, rue du Vieux Marché aux Poissons
Di–Sa 8.30–12.30, 13.30–18.30,
So 8.30–12.30 Uhr
Der kleine, feine Laden ist die Hölle für Kalorienbewusste: Kreationen aus bitterer, weißer und Milchschokolade,

Wer ließe sich da nicht gerne verführen? Elsässisches Naschwerk

Blätterteigtörtchen, Kougelhopf und Gewürzbrot.

Au Vieux Gourmet (D 6)

3, rue des Orfèvres
Di–Do 8.30–12.30, 15–19,
Fr 8.30–19, Sa 8.30–18 Uhr
Käsegeschäft mit Tommes, Munster und vor allem perfekt affinierte Chèvres von elsässischen Berg- und Biobauern.

Hans Prinus – Le Village de la Bière (D 6)

22, rue des Frères
Di–Sa 10–12.30, 14.30–19.30 Uhr
Über 400 Biersorten, dazu Gläser und Geschenke (s. S. 116).

Boutique d'Antoine Westermann (D 6)

1, rue des Orfèvres
Mo 14–19, Di–Sa 9.30–12.30,
14–19 Uhr
Foie gras, Käse, Kaviar, Konfitüren, Weine, Küchenutensilien in der provenzalisch angehauchten Kulinaria-Boutique vom ehemaligen Koch des Buerehiesel.

Woerlé (C 6)

10, rue de la Division Leclerc
Mo–Fr 6–19, Sa 6–12.30,
So 8–12.30 Uhr
Backkunst vom Feinsten: Kümmel- oder Zwiebelbrot sowie die elsässischen Spezialitäten Bredele, Bretzeln, Springerle und Kougelhopf.

Märkte

Flohmarkt und Büchermarkt s. S. 55

Boulevard de la Marne (F/G 5)

Di, Sa 7–13 Uhr
Der größte Wochenmarkt; Fisch, Käse, Honig, Gemüse, Blumen, Fleisch, Charcuterie, exotische Genüsse sowie Kleidung und Haushaltswaren – sehr freundlich, ideal zum Feinschmecker-Einkauf vor der Heimfahrt (s. S. 108).

Krutenau (E 6)

Place de Zurich
Mi 7–13 Uhr
Charmanter Stadtteil-Wochenmarkt: Gemüse, Käse, Wurst, Brot und Blumen (s. S. 110).

Marché aux producteurs (D 6)

Place du marché aux Poissons
Sa 7–13 Uhr
Honig, Käse, Obst, Fleischwaren vom Erzeuger, viel biologischer Anbau, mit etwas alternativem Flair; wenige Stände um den witzigen Fischbrunnen neben dem Palais Rohan.

Marché aux producteurs de montagne (D 5/6)

Place du Marché Neuf
Sa 7–13 Uhr
Vogesen-Erzeugermarkt unter den Bäumen des Marché Neuf: Munster fermier, Ziegenkäse, Obstsäfte, Brot, Fleisch und Geflügel von bäuerlichen Produzenten.

Place Kléber (C 5)

Mi, Fr 7–18 Uhr
Obst, Gemüse, Blumen, Fleisch, Fisch etc.

Mode & Accessoires

Celio (C 5)

20, pl. des Halles
Mo–Fr 9–20, Sa 9–19 Uhr, und
23, rue des Grandes Arcades
Di–Fr 10–19.30, Sa 9.30–19 Uhr
Preiswerter Megaladen mit jugendlicher Mode: Hemden, Pullover, Hosen, Jeans etc. pp.

Chacok (D 6)
22, quai St-Nicolas
Di–Sa 10–12, 14–19, Sa bis 18 Uhr
Ausgefallene und doch tragbare, farbenfrohe Designermode – nicht eben preiswert, aber auch nicht völlig unbezahlbar.

Dome Elegance au Masculin (D 6)
24, rue du Vieux-Marché-aux-Grains
Di–Sa 9–12, 14–19 Uhr
Eleganz pur und teuer. Männermode von Kenzo bis Cerruti.

Formes (D 5)
6, rue du Temple Neuf
Mo–Sa 10–19 Uhr
Schicke, nicht billige Umstandsmode, eine internationale Kette.

Compagnie des Petits (C 6)
107, Grand-Rue
Mo 14–19, Di–Sa 10–19 Uhr
Farbenfrohe, praktische, nicht allzu teure Hosen, Röcke, Jacken, Handschuhe etc. für Kids bis 10 Jahre.

Ganterie und Chapellerie Medernach (D 6)
27, pl. de la Cathédrale
Mo 14–18, Di–Sa 10–13, 14–18.30 Uhr
Vive la tradition! Handschuhe und Kopfbedeckungen.

Lancel (C 5)
9, pl. Kléber
Mo 14–19, Di–Sa 10–19 Uhr
Der Taschenladen – nicht billige Designermodelle.

Marlène Pour (D 5/6)
4, pl. du Temple Neuf
Mo 14.30–18.30, Di–Fr 10–19, Sa 10–18.30 Uhr

Mode-Meilen

Edelmarken wie Armani, Gucci, G. Rech, Chanel, Y. Saint-Laurent gibt es an der Rue des Orfèvres, Rue du Vieux Marché aux Poissons (hier auch mehrere Läden mit edler Kinderbekleidung sowie Partnerlook für Mama und Töchterchen), Rue du Temple Neuf und Rue de la Mésange. Preiswertere Prêt-à-Porter-Mode findet man an der Rue des Grandes Arcades sowie Grand-Rue, wo es auch Dessous, Schuhe und Kinderbekleidung gibt. Recht günstige Läden, aber auch Marken wie Zara oder Kookai, gibt es im Einkaufszentrum Centre Halles.

Ansprechend-ausgefallene, teure Damenmode der großen französischen Designer, z. B. die farbenfrohen provenzalisch inspirierten Kleider von Lacroix, Dolce und Gabana u. a.

Tie Rack France (D 6)
16, rue des Hallebardes
Mo 14–19, Di–Sa 10–19 Uhr
Das bunte Universum der Krawatten auf engem Raum.

Schmuck

L'Artisan Parfumeur (D 6)
3, rue de l'Outre
Aparter, auf alt getrimmter Glitzerschmuck, so filigran wie der winzig kleine Laden.

Biche de Bere (D 6)
19, rue des Orfèvres
Verrückt, aber tragbar: Modeschmuck, Taschen und Accessoires – leider nicht billig.

Ausgehen

Hier gehen erst frühmorgens die Lichter aus

Strass'Night: Das sind 35 000 Studenten, Tausende von Besuchern aus aller Herren Länder, arrivierte Straßburger und der ganze Tross der Europastadt, die zwar nicht alle jede Nacht, aber immer öfter auf die Piste gehen. So mittelalterlich-gemütlich die Altstadt ist, hier werden die Bürgersteige definitiv nicht zu früher Stunde hochgeklappt.

Vor allem im Sommer brodelt das junge Leben. Am späten Nachmittag, nach Geschäfts- und Büroschluss, nimmt man gegen 17, 18 Uhr seinen *apéro,* bei warmer Witterung an einem der Freiluft-Tische, die Restaurants, Bars und Cafés auf Bürgersteige und Plätze gestellt haben. Gegen 1 Uhr wird hier das letzte Bierchen getrunken, doch in den Clubs und Discos geht es dann erst recht heiß her. Vor 22, 23 Uhr lässt man sich hier selten sehen. Lieber wird erst mal ins Kino gegangen, gegessen oder draußen rumgesessen.

Öffnungszeiten und Preise

Hauptausgehtage sind wie überall Freitag/Samstag, dann haben die Etablissements alle länger geöffnet, meist bis gegen 4, 5 Uhr *du mat',* am Morgen. Doch auch in der Woche ist mindestens bis 1 oder 2 Uhr Möglichkeit zum Feiern. Viele Clubs und Discos haben Tage mit freiem Eintritt, meist sind das die weniger angesagten Tage von Dienstag bis Donnerstag. Mit einem Eintritt von um die 10 € sollte man rechnen. Pause zum Ausruhen ist meist der Montag, wenn viele Läden geschlossen haben.

Die Nightlife-Zentren

Die Großraum- und Multi-Fun-Tempel liegen außerhalb in den Vororten, in der Stadt gibt es eher kleinere Discos und Bars. Die Zentren des Nachtlebens in der Stadt sind die Place du Marché Gayot (D 6) und die Viertel Krutenau und Finkwiller südlich der Ill (D–F6). In **Krutenau,** das nördlich ans Universitätsviertel grenzt, und dem westlich benachbarten **Finkwiller** ist die Szene aufgrund der größeren Ausdehnung nicht so konzentriert.

Highlight 4

In **La PDMG,** wie das Viertel um die von Fachwerkhäusern umstandene Place du Marché Gayot bei den Partygängern heißt, konzentrieren sich Bars, Cafés und Clubs mit Terrassen- und Außenrestauration. Schwerpunkte sind die Rue des Frères, Rue des Ecrivains und Rue des Sœurs. Während in Krutenau naturgemäß der studentische Einfluss dominiert, trifft sich am PDMG ein bunt gemischtes, wenn auch vorrangig junges und schönes Publikum.

Bars

Academie de la Bière (C 6)
17, rue Adolphe Seyboth
tgl. 11–4 Uhr morgens
Das Interieur in dunklem Holz schafft eine entspannte studentische Atmosphäre. Es gibt 70 verschiedene Biersorten, ausgefallene Biercocktails und deftige elsässische Speisen.

Bar du 7e Art (C 6)
18, rue du 22 Novembre
Mo–Sa 8–1.30, So 14.30–11.30 Uhr
Die leise, entspannte Bar mit einem Zugang zum Etoile-Kino ist etwas für Cineasten, die sich hier in Filmzeitschriften informieren und in aller Ruhe diskutieren können. An den Billardtischen im Erdgeschoss kann man täglich von 18 bis 1 Uhr die Kugeln rollen lassen.

Music Hall Adam Meyer

Eine gute halbe Stunde nach Norden auf der A 4, aber durchaus im Straßburger Einzugsgebiet, liegt in Kirrwiller das elsässische Moulin Rouge. In einer Dorfhalle fegt das Kabarett-Spektakel mit spärlich, aber glitzernd bekleideten, beinewerfenden Tänzerinnen über die Bühne. Busladungen auch älteren Semesters weiden sich an Strass und Federboas und nehmen dazu ein Dinner zu sich. Man darf das kurios-furiose Bühnengeschehen ernst oder als Kult nehmen.
Kirrwiller, 20, rue Hochfelden, Tel. 03 88 70 71 81, www.royal-palace.com, 9. Juli–31. Aug. geschl. Mi–So nur Show oder Show mit Essen, man sollte vorher reservieren.

Bar des Régent Petite France (C 6)
5, rue des Moulins
tgl. 10–1 Uhr morgens
Die elegante Bar des Luxushotels geht von der Eingangshalle ab und hat im Sommer eine wunderschöne Terrasse, auf der man – zusammen mit vielen anderen Touristen, aber auch Mitgliedern der Straßburger Jeunesse dorée – direkt über der amphibischen Landschaft der Petite France sitzt.

Bugatti Bar im Hilton-Hotel (D 3)
Avenue Herrenschmidt, Tram B, Haltestelle Palais des Congrès
Mo–Sa 12–1, So 12–0 Uhr
Edle Bier- und Cocktail-Bar in Designerholz. Dezente Jazz-Hintergrundmusik, Montag bis Donnerstag live vom Piano, Freitag und Samstag auch mit Gesang. Für den nächtlichen kleinen Hunger werden rund um die Uhr Snacks gereicht.

Churchill Bar im Hilton-Hotel (D 3)
Avenue Herrenschmidt, Tram B, Haltestelle Palais des Congrès
Mo–Sa 12–1, So 12–0 Uhr
Edle Zigarrenraucher-Bar mit dezidiert britischer Atmosphäre. Eine ebenso große Zigarren- wie Weinauswahl. Der richtige Ort, sich ein wenig wie Bond, James Bond, zu fühlen. Noch ein Bonbon: freies Parken.

Le Cornichon Masqué (D 6)
17, place du Marché Gayot
Tel. 03 88 25 11 34
Mo–Sa 9–16, 18–0.30 Uhr
Die für ihre frischen Sandwiches und schmackhaften kleinen Speisen berühmte Weinbar ist auch ein beliebter Treff für die künstlerisch-kulturelle Sze-

ne. Jeden Monat werden äußerst beliebte Weinverkostungen veranstaltet.

Irish Times (C 6)

19, rue Ste-Barbe
Mo–Sa 14–1.30, So 12–1.30 Uhr
Authentischer Irish Pub mit echten Iren hinter dem Tresen, schottischen Whiskys und original-irischen Bieren: Guinness, Kilkenny und andere große Namen; Mittwoch vergnüglicher Quizabend, Samstag Konzerte, natürlich mit Irish Folk.

Jimmy's Bar (D 6)

30, Quai des Bateliers
Mo–Sa 20–4 Uhr
Junge Leute in den 20ern spielen hier an Billardtisch und Dartscheibe (leider auch die nicht wirklich beflissene Bedienung), schauen Rugbyspiele auf der Großleinwand oder zeigen sich in ihren Cliquen zur vom DJ aufgelegten Musik.

Jimmy's Pub (D 5)

29, Rue des Juifs
Mo–Sa 10–1.30 Uhr
Nicht mit dem vorigen zu verwechseln, obwohl auch hier Billardtisch und Darts vorhanden sind. Das Publikum dieses entfernt irischen Pubs mit den grünen Wänden und der Holzbestuhlung ist sehr jung, Gymnasiasten und Erstsemester, Bier, Cocktails und Ricard-Pastis, auch pro Meter, sind sehr preiswert. Man muss klingeln, aber eine echte Gesichtskontrolle findet nicht statt.

Palais de la Glace Italia (D 6)

13, rue des Hallebardes
Mo–Sa 7.30–0.30, Winter bis 20 Uhr

**Na dann Prost:
Bierstube Les Brasseurs**

Dieses Eiscafé ist ein beliebter Platz, um bei schönem Wetter draußen zu sitzen: Eisspezialitäten, Kaffee und Cola mit Blick auf die Maison Kammerzell.

Pub Nelson (D 6)

20, rue des Couples, Krutenau
20–4 Uhr
60 Biere – elsässische, bretonische, belgische, nordfranzösische – schenkt dieser gemütliche Pub aus.

Le Snooker (C 5)

5, quai de Paris
Mo–Sa 12–4, So bis 2 Uhr morgens
Dieses Hardrock-Café mit Snooker und Pool-Billard ist der Treff für Motorradfahrer. Im 1. Stock wirkt die Deko mit Bikes und Sammlerobjekten wie ein kleines Museum. Ledrige Bikerkluft ist hier alles, es sei denn, man gehört zu den zahlreichen harmlosen Zeitgenossen, die nur mal gucken wollen.

Tapas Café (C 6)

16, rue du Bain Finkwiller, Finkwiller
Tel. 03 88 24 57 30
Mo–Fr 11.30–14.30, 18–1,
Sa/So 11.30–1 Uhr
Kleine, preiswerte spanische Speisen wie Tapas, Tortillas, Schinken, Chorizo-Wurst in freundlich-modernem, mediterran getöntem Bodega-Ambiente mit Holzfässern etc., am Ill-Ufer. Es werden Salsa, Flamenco und andere Latino-Rhythmen gespielt. Nicht nur ein Restaurant, sondern auch eine beliebte Ausgehadresse. Zu trinken gibt es neben Sangria auch viele Biersorten und Wein.

Micro-Brauereien

Les Brasseurs (D 6)

22a, rue des Veaux
tgl. 11–1 Uhr
Schummrige Micro-Brauerei mit preiswerten Speisen wie Flammkuchen vom Holzbrett, Salaten, eigenem obergärigen Bier und sogar Biercocktails. Um eine Riesenbar im Karree sind weinrote Kunstledersitze unter Hopfengirlanden angeordnet, am Eingang der Kupferbraukessel; meist eher junges Publikum, auch Reisegruppen; kostenlose Konzerte Freitag- und Samstagabend im Keller *(au cave;* s. Tour 5, S. 116).

La Lanterne (D 6)

5, rue de la Lanterne
Mo–Sa 12–1.30, Sa 18–1 Uhr
Die zweite der Straßburger Micro-Brauereien hat ein uriges, schlichtes Holzin-

terieur mit blanken Tischen und kleine, preiswerte Speisen wie Bruschettas (s. S. 116). An Wochenenden kann es in der beliebten Kneipe drangvoll eng werden, und möglicherweise kommt man sich als Thirty-Something ziemlich alt vor.

Szene-Lokale

Les Aviateurs (D 6)

12, rue des Sœurs
tgl. 18–4 Uhr
Einer der angesagten Szene-Treffs der Straßburger Nacht im ›Amüsierzentrum‹ rund um die Place du Marché Gayot. Besonders hoch geht es zu eher späterer Stunde her. Die Wände sind mit Plakaten und Fotos zugekleistert, von der Decke hängen zwei Flugzeuge; das auch altersmäßig gemischte Publikum – Studenten und Parlamentarier, Künstler und Presseleute – amüsiert sich nach Kräften auf der Tanzfläche oder beim Guinness vom Fass. Gesichtskontrolle.

Au Camionneur (B 5)

14, rue Georges-Wodli, nahe Bahnhof
www.aucamionneur.fr
Mi–Sa 19–4 Uhr
Diese schicke, aber nicht zu schicke Bar ist seit Jahren *en vogue:* Die trendige Musik von Pop bis zu südamerikanischen Rhythmen, das gut gelaunte, kontaktfreudige Publikum und preiswerte Biere und Cocktails machen ihren Charme aus. Bis gegen 1 Uhr werden auch weniger gängige Musikrichtungen gespielt, danach *dance floor* zum Abtanzen. Themenabende, Konzerte und Café-Theater werden in unregelmäßigen Abständen organisiert.

Bar L'Elastic (D 6)

27, rue des Orphelins
Mo–Do 17–3, Fr/Sa bis 4 Uhr
Eine von Straßburgs wirklich einzigartigen Adressen für Clubber. Hinter einer farbenfrohen Fassade erwartet einen ein postmodern-minimalistisches, aber ziemlich chaotisches Interieur mit einer flippigen, eigentlich in keine Schublade zu quetschenden Klientel. Die Musik, zu der auch getanzt wird, ist absolute Avantgarde: immer die neusten Trends.

Bar La Java – Le Village (D 5)

6, rue du Faisan
tgl. 9.30–3.30 Uhr
Diese heiße, von Generationen von Studenten geprägte *bar-boîte* (Bar und Disco) ist eine Straßburger Standardadresse: unten kann man nur stehen, oben sind Sitzgelegenheiten; gelegentlich werden Themenabende veranstaltet, es gibt Bier vom Fass, Cocktails u. v. m.

Brasserie Troc (C 5)

8, rue du Faubourg de Saverne, Bahnhofsviertel
Mo–Sa 7.30–1.30 Uhr
Sympathisch-studentische Kneipe/Café mit 1950er Jahre-Akzenten; Frühstück, kleine Mittagssnacks wie Moussaka, abends Karten- oder Schachspielabende und Konzerte. Der Clou: die Einrichtungsgegenstände kann man fast alle kaufen.

Le Living Room (E 6)

11, rue des Balayeurs, Krutenau
Mo–Fr 11–1.30, Sa 18–1.30 Uhr
Diese schmummrige Bar, in der man auch tanzen kann, ist gerade in. Ab 21 Uhr ist Happy Night, und man bekommt seine Apéritifs und Biere billiger.

Opera Café (D 5)

Place de Broglie/in der Opéra
Tel. 03 88 22 98 51
Mo 11–21, Di/Mi bis 23, Do bis 24, Fr/Sa bis 1 Uhr

Plüschig, samtrot und operettenhaft im Innern, ist dieses ruhige Nachtcafé ein origineller Treffpunkt von Schauspielern, Musikern, Journalisten, Studenten und Kulturschaffenden vom Arte-Sender um die Ecke; mittags kleine Speisen und ein teuflisch guter *petit noir.* Von der Terrasse schöner Blick auf die Place de Broglie.

La Passerelle (D 6)

38, quai des Bateliers
Di–So 18–1.30 Uhr
Die trendig-bonbonfarbene Deko mit hohen Bartischen und die ebenso trendige Musik zeugen von einem gewissen Anspruch. Hier fühlt man sich in abgerissenen Jeans nicht so wohl. Nach hinten raus ein kleiner Wintergartenanbau zum Innenhof.

Le Rock City (E 6)

24, rue des Poules, Krutenau
tgl. 11–1.30, Sa/So zusätzlich ›After‹ 4–7 Uhr morgens
Billards, Darts, Konzerte, Themenabende, Bierpässe und extravagante Öffnungszeiten sind die Eckdaten dieses Klassikers des Straßburger Studentenlebens. Die Gitarren an den Wänden schaffen echte Hardrock-Café-Atmo.

Le Saxo (D 6)

8, rue des Frères
Mo–So 12–3 Uhr, im Winter So geschl.
In und draußen vor der Bar schlürft man seinen Drink bei Jazz und anderer Musik und ist ›mitten drin‹ im Zentrum des Straßburger Nachtlebens.

Disco-Clubs

Le Chalet – Planète-Fête (außerhalb)

376, route de la Wantzenau
Tram B bis Haltestelle Pont Phario, dann Bus Nr. 72 bis Haltestelle La Wantzenau
Di–Sa 21–4 Uhr
Großraumdisco mit zwei Tanzflächen (die eine House/Techno für Jüngere, die andere mehr Retro für ältere Semester ab 30), mehrere Bars, Restaurant, Karaoke, Lichtshow – ein durchorganisiertes Amüsierzentrum à la Vegas, in dem sich die Schönen und Reichen und alle amüsieren, die durch die bullige

Party auf dem Fluss

Am nördlichen Ende des Quai des Pêcheurs (E 5) liegen drei Fluss-Schiffe *(péniches)* in den Farben weiß-blau-rot, die, seit Längerem außer Dienst, nun dem Amusement dienen.

L´Hippocampe
Mo–So 18–3 Uhr
Auf dem weißen ehemaligen Schleppkahn finden Konzertabende ganz unterschiedlicher Musikrichtungen statt, DJs legen auf, dazu kann man Pizzen und Flammkuchen ordern.

Le Rafiot
Mi–Sa 10–4, So–Di 10–1.30 Uhr
Tagsüber bietet die Deck-Terrasse einen der schönsten Orte von Straßburg,einen Kaffee zu trinken (bei Regen auch im Schiffsinnern). Kleine Snacks und Salate kosten 3–7 €. Spätabends verwandelt sich das pflaumenblaue Ex-Schiff in einen DJ-Club mit 80er- und Vinyl-Partys.

Le Bacchus
Di–Sa 11.30–14.30, 17.30–21.30 Uhr
Die schlicht modern gestylte Weinbar auf dem passenderweise bordeauxroten Kahn wurde 2007 neu eröffnet.

Türkontrolle mit den ziemlich undurchsichtigen Auswahlkriterien kommen. Die Partys und Themenabende, durchdacht und mit einem rein unerschöpflichen Fundus an Kostümen und Ausstattung organisiert, sind ein Megaerfolg. Das Ganze gehört Jean-Claude Helmer, dem Discokönig von Straßburg.

La Péniche (C 6)

Terrasse Panoramique an den Ponts Couverts, Petite France
Do–So 22.30–5 Uhr, Eintritt 15 €
Gemischtes, nicht unbedingt blutjunges Publikum mit Lust auf Party auf einem ausgedienten Kahn (frz. *péniche)*.

La Salamandre (E 6)

3, rue Paul-Janet, Krutenau
Mi–So 21–3 Uhr (Öffnungszeiten je nach Veranstaltung, Info: Tel. 03 88 25 79 42)
Generell Mi/Do Studentenabend, Fr Themenabend, Sa Party, So Konzerte auch mit leiseren Tönen. Große musikalische Bandbreite von 1970er Jahre bis House und ebenso gemischtes Publikum, aber hauptsächlich studentisch.

Live-Musik

Le Bunny's Club (D 6)

1, rue de l'Epine
tgl. 21–4 Uhr
Viele Spiegel reflektieren die blitzenden Neonlichter und tragen zu der lauten, höllisch aufgeheizten Atmosphäre dieser Karaoke-Bar bei. Die über 700 Songs im Repertoire grölen sich am besten nach ein paar Drinks. Überflüssig zu erwähnen, dass man vor der übergroßen Leinwand auch viele japanische Geschäftsleute trifft. Wer nicht selbst singen mag, tanzt.

Schwul & Lesbisch

Die Website www.gays67.com enthält Ausgehtipps, Infos, Dates usw. für Straßburg und das Departement Bas-Rhin.

Aides Alsace (B 6)

47, rue de la Course
Tel. 03 88 75 73 63
www.aides.org

Abends wird es romantisch am Platz vor der Maison Kammerzell

Das Zentrum des organisierten schwulen und lesbischen Lebens ist Sitz von Emergence, dem 1999 gegründeten Verein ›Groupe gay et lesbien d'Alsace‹, sowie des lesbischen Vereins ›La Lune, Association des femmes homosexuelles‹. ›La Lune‹ veranstaltet Vorträge, Treffs und Partys. Der Treffpunkt ›Café des Femmes‹ in der Rue de la Course öffnet jeden zweiten und dritten Sa sowie jeden ersten und letzten Mi im Monat von 20 bis 22 Uhr, Tel. 03 88 25 77 56, http://membres.lycos.fr/associationlune.

Bar Le Zoo (D 6)

6, rue des Bouchers, Krutenau
www.lezoobar.com
tgl. 18–2 Uhr
Diese Bar exklusiv für Schwule (und Lesben) hat eine heiße, schummrige Atmosphäre und einen freundlichen Empfang. Täglich von 18 bis 21 Uhr sind in der Happy Hour die Cocktails billiger. Beliebte Themenabende wie ›Pazifische Prinzessin‹ oder ›70er- bis 90er-Jahre‹.

Golden Gate Bar (C 5)

63, rue du Fossé des Tanneurs
Di–So 18–2 Uhr
In der langen, schmalen, bunt modernistisch eingerichteten Bar werden jeden Do und Fr Themenabende mit DJ veranstaltet. Im Sommer ist die Terrasse geöffnet.

Le JJ's Club (B 5)

9, rue de la Course
tgl. 17–4 Uhr
Club ausschließlich für Schwule (und Lesben), keine besondere Inneneinrichtung, aber viel Spaß und immer Tanz. Themenabende wie z. B. eine Soirée Mousse.

La Petite Ecurie (D 6)

8, rue de l'Ecurie
Tel. 03 88 23 06 22
Mo 19–23, Di–Sa 12–14, 19–23 Uhr
Hauptgericht ca. 12 €
Bei Schwulen und Heteros beliebtes kleines Restaurant mit Speisen aus dem Elsass und Südwestfrankreich.

Au Petit Tonnelier (D 6)

16, rue des Tonneliers
Tel. 03 88 32 53 54
Mo–Sa 12–14, 19–23, So 19–23 Uhr
Menü 25 €
Ebenso kleines, ebenso bei Schwulen und Heteros beliebtes Restaurant in demselben Restaurantviertel. Die neue Einrichtung – weiße Wände, Kristall-Lüster, Spiegel und Bestuhlung mit viel rechten Winkeln – ist eine Hommage an den zeitgenössischen In-Style der europäischen Metropolen. Serviert wird eine den Jahreszeiten angepasste leichte, moderne Küche – was der Markt halt so hergibt.

Unterhaltung

Ein Highlight nicht nur für Kinder: der Weihnachtsmarkt

Feiertage

1. Januar: Neujahrstag *(Jour de l'An)*
Ostermontag *(Lundi de Pâques)*
1. Mai: Tag der Arbeit *(Fête du Travail)*
8. Mai: Kapitulation Hitler-Deutschlands; Ende des Zweiten Weltkriegs *(Armistice de 1945)*
Christi Himmelfahrt *(Ascension)*
Pfingstmontag *(Lundi de Pentecôte)*
14. Juli: Nationalfeiertag, Sturm auf die Bastille
15. August: Mariä Himmelfahrt *(Assomption)*
1. November: Allerheiligen *(Toussaint)*
11. November: Waffenstillstand; Ende des Ersten Weltkriegs *(Armistice de 1918)*
25. Dezember: Weihnachten *(Noël)*
Zusätzlich zu diesen frankreichweiten Feiertagen kommen im Elsass dazu:
Karfreitag
26. Dezember

Feste, Festivals & Ausstellungen

Februar

Tourissimo: 1. Februarwochenende auf dem Wacken. Eine deutsch-französische Tourismus- und Freizeitmesse, Schwerpunkt ist das Elsass.

März

Salon des vins des vignerons indépendants: Anfang März im Wacken. Verkostung der Weine der privaten Weinkellereien der Region.

Mai

Straßburg-Europa-Lauf: Mitte des Monats, mehr ein buntes, fröhliches Volksfest. Der Lauf ist nur 10 bzw. 20 km lang. Info: Tel. 03 88 31 83 83.
Internationales Damen-Tennisturnier: Mitte Mai – es ist aber keines der ganz großen Turniere. Info: Tel. 03 88 27 99 00.

Juni

Festival International de la Musique: Beim ältesten Festival klassischer Musik in Europa geben sich die renommiertesten Interpreten und Orchester die Ehre. Hauptspielstätte: Palais de la Musique et des Congrès (s. S. 75).
Karten und Infos bei Wolf Musique
24, rue de la Mésange
Tel. 03 88 32 43 10
www.festival-strasbourg.com

Wacken

Info-Line des Messe- und Ausstellungsgeländes:
Tel. 03 88 37 21 21.

Juli

Nationalfeiertag: Am Tag der Erstürmung der Bastille, dem 14. Juli, feiert ganz Frankreich und natürlich auch Straßburg: Am Vorabend eine Militärparade, am Tag selbst um 22.30 Uhr Feuerwerk und Musik am Vauban-Staudamm.

Grande Baderie: Am letzten Samstag im Juli bauen alle Geschäfte der Innenstadt Stände auf der Straße auf und haben bis abends geöffnet – Gedränge pur.

Découverte du judaïsme: In den Sommermonaten findet eine vom Office de Tourisme in Zusammenarbeit mit der jüdischen Gemeinde organisierte ›Découverte du judaïsme alsacien‹ mit Konzerten und Konferenzen statt, zu der alljährlich eine kostenlose Broschüre herausgegeben wird. Am Tag der offenen Tür, meist Anfang September, kann man sonst geschlossene Synagogen besuchen und mit den Mitgliedern der jüdischen Gemeinden diskutieren.

September

Foire Européenne: Die Europamesse in der ersten Septemberhälfte ist die größte Verbrauchermesse der Region und bietet neben Elektronik, Möbeln und Haushaltsgegenständen auch lohnenswerte Produkte der elsässischen Handwerker, Kunsthandwerker, Winzer und Nahrungsmittelproduzenten; Wacken, Tram B – Wacken.
www.foireurop.com

Musica: Das Festival internationaler zeitgenössischer Musik Ende September/Anfang Oktober ist ein Fixpunkt der internationalen Musikszene. Gespielt wird auch in ›zweckentfremdeten‹ Schwimmbädern oder Fabriken.
Anschrift der Festivaldirektion:
1, pl. Dauphine
Tel. 03 88 23 46 46
Fax 03 88 23 46 47
www.festival-musica.org

Journées du Patrimoine: Die ›Tage des Kulturerbes‹, ein Wochenende der offenen Tür Mitte September, gewähren Zugang zu vielen historischen Bauten, die sonst geschlossen sind.

November

Jazz d'Or: Mitte November feiert Straßburg sein Festival der Jazz-Musik an verschiedenen Veranstaltungsorten, Tel. 03 88 36 30 48

ST'ART: Galerien aus ganz Europa stellen auf dieser internationalen Messe zeitgenössischer Kunst Ende November aus: Arbeiten junger, aber auch etablierter Künstler der klassischen Moderne wie Picasso.
Im Internet: www.st-art.com.
Wacken, Tram B – Wacken (E/F 3).

Festival Voix et Route Romane

Ende August bis Mitte September wird in elsässischen Kirchen, in Straßburg u. a. in St-Pierre-le-Jeune, mittelalterliche Musik aufgeführt. Das junge Festival, das sich immer größerer Beliebtheit erfreut und durch die evokative Umgebung starke Eindrücke provoziert, steht jedes Jahr unter einem anderen Motto: Frauen im Mittelalter, Marienlyrik, Pilgerwege, Auf den Spuren Abrahams etc. Grenzüberschreitende Zusammenarbeit mit dem Kultursommer Rheinland-Pfalz.
Anschrift der Festivaldirektion:
43, rue du Mar. Foch
67003 Strasbourg
Tel. 03 90 41 02 02
Fax 03 90 41 09 30
www.voix-romane.com

Dezember

Weihnachten (Noël): In Straßburg, das sich ohne falsche Bescheidenheit *Capitale de Noël,* Weihnachts-Hauptstadt, nennt, wird Weihnachten, wie im übrigen Elsass, viel stärker als im restlichen Frankreich festlich begangen. Zur Adventszeit (24.Nov.–31. Dez.) findet auf dem Münsterplatz, Place des Meuniers, Place Benjamin Zix, Place du Marché-Neuf und Place Broglie, also praktisch in der gesamten Altstadt, der Christkindelsmarkt *(marché de Noël)* statt, eine vor allem an den Wochenenden drangvoll-enge, aber stets freundliche Angelegenheit.

Es duftet nach Glühwein oder, die alkoholfreie Variante, nach heißem Orangensaft mit Honig, nach Makronen, Anisplätzchen, Lebkuchen und Zimtwaffeln, oder Salzigem wie Baguettes mit heißem Camembert und Zwiebeln. An den Ständen werden Kunsthandwerk, das sich hier und da durchaus von dem auf deutschen Weihnachtsmärkten üblichen unterscheidet, knallbuntes Zuckerwerk und Weihnachtsbaumschmuck verkauft – der Weihnachtsbaum ist schließlich eine elsässische Erfindung vom Ende des 18. Jh.

Auf der Place Kléber steht, worauf die Straßburger besonders stolz sind,

Ein Erlebnis für Alt und Jung: Straßburg in der Weihnachtszeit

der größte Weihnachtsbaum Frankreichs. Darunter legen die Straßburger Geschenke für die Armen der Stadt nieder.

Auf der Place Gutenberg zeigen traditionelle Handwerker im *village des artisans* ihr Können, und im Souterrain der Handelskammer werden Weihnachtsgeschichten aus aller Welt für die Kinder erzählt. An der Place du Château eröffnet eine Schlittschuhbahn, die Jung und Alt zu famosen Pirouetten animiert.

Jeder Straßenzug funkelt und schimmert in einer eigenen Weihnachtsdeko: Lichternetze über den Köpfen, weiß-silbern angestrahlte Glitzerbäume mit bunten Kerzchen, Girlanden mit roten Äpfeln. Jedes Geschäft ist festlich geschmückt, im Temple Neuf und anderen Kirchen schmettern die Adventssänger, Krippen- und weitere weihnachtliche Ausstellungen sind zu bewundern, die Brauereien brauen Weihnachtsbiere, und manche Restaurants bieten Weihnachtsmenüs an. Krönender Abschluss des Ganzen ist die höchst festliche, weihevolle Mitternachtsmette in der Kathedrale.

Info: www.noel-strasbourg.com mit Veranstaltungskalender für jeden Tag.

Kartenvorverkauf

In der **Boutique Culture** gegenüber dem Münster bekommt man Karten für beinah alle Theater-, Konzert- und Festivalaufführungen. Untergebracht in der ehemaligen Pharmacie de Cerf, deren spätmittelalterliche Fenster dekorativ von Drachen und anderen Fabelwesen umrankt werden, widmet sie sich ausschließlich der Straßburger Kultur.
Ein 14-tägiger Veranstaltungskalender liegt jeden 2. Montag kostenlos aus und ist im Fenster ausgestellt.
Di–Sa 12–19 Uhr
Tel. 03 88 23 84 65
www.zenith-strasbourg.fr
Eine andere Vorverkaufsstelle ist die **FNAC**, Place Kléber,
Tel. 03 88 52 21 21,
Mo–Fr 10–19, Sa 9–19 Uhr,
www.fnac.com/strasbourg

Kino

Mehrere Lichtspielhäuser finden Sie in der Rue du 22 Novembre und der Rue des Francs Bourgeois.

L'Odyssée (C6)

3, rue des Francs Bourgeois
Tel. 03 88 75 10 47
Das frisch renovierte Programmkino von 1913 mit Balkonen, Schmuckleisten und gemütlicher Café-Bar steht unter Denkmalschutz; in zwei Sälen werden Autoren-, europäische Filme und Themenzyklen gezeigt, Mitternachtsvorstellungen und Matineen. *Die* Adresse für Cineasten.

Cinéma Vox (C6)

17, rue des Francs Bourgeois
Tel. 03 88 75 50 21
Das supermoderne Kinocenter mit fünf Sälen spult die Renner der Saison ab: Die erste Vorführung des Tages ist immer verhältnismäßig preiswert.

Star (C5)

27, rue du Jeu des Enfants
Tel. 03 88 32 44 97
Programmkino mit fünf Sälen, das Autorenfilme, Zyklen als Hommage an einen Regisseur, Themenzyklen etc. zeigt.

UGC Capitole (C6)
25, route du Rhin
Tel. 08 92 70 00 00
Sechs Säle für die großen kommerziellen Filme, auch Vorpremieren mit Schauspielern und Regisseuren.
Musik, Konzerte

Openair-Shows

Folklore-Auftritte
Im Juli/August um 20.30 Uhr kann man kostenlos verschiedenen elsässischen Folkloregruppen bei Tanz und Gesang auf dem Platz vor dem Rohan-Schloss zuschauen. Das ist zwar eine ziemlich touristische Angelegenheit, vermittelt jedoch einen Eindruck der alten Traditionen.

Son et Lumière
Juli/August haben die Licht- und Ton-Shows Hochsaison, bei denen mit musikalischer Untermalung historische Gebäude bei der Kathedrale effekt- und stimmungsvoll angestrahlt werden.

Les nuits de Strass (D 6)
Wasser- und Lichtspiele mit Musikbegleitung vor den Ponts Couverts in der Petite France. Diese Veranstaltung ist inzwischen eine Institution und steht jedes Jahr unter einem anderen Thema. Juli 22.30, August 22 Uhr.

Oper & Konzerte

Le Cheval Blanc (D 1)
25, rue Principale, Schiltigheim
Bus Nr. 4 – Cheval Blanc
Tel. 03 88 83 84 85
Veranstaltungssaal einer ebenso volkstümlichen wie empfehlenswerten Bierstub in der Bierbrauerstadt Schiltigheim, der als Bühne für eine breite Palette von Darbietungen dient: Jazzkonzerte, Flamencotanz, Kabarett, Chansons, Theater.

La Laiterie (B 7)
15, rue du Hohwald
Tel. 03 88 23 72 37
www.artefact.org
Das Veranstaltungszentrum der Region für U-Musik aller Richtungen, auch experimenteller Art: Rock, Pop, Jazz, Punk, Funk, Ethno, Indie etc. Eine gemütliche Bar und mehr als maßvolle Eintrittspreise machen die ›Molkerei‹ zu einem langjährigen Dauerbrenner der Straßburger Musikszene. Unter der Internetadresse findet man auch eine Rubrik zu regionalen Gruppen, eine gute Einführung in die lokale Musikszene.

Münsterkonzerte (D 6)
Das ganze Jahr über finden Orgelkonzerte im Münster statt.
www.cathedrale-strasbourg.asso.fr.

Opéra National du Rhin (D 5)
19, pl. de Broglie
Tel. 03 88 75 48 00
www.opera-national-du-rhin.com
Karten Mo–Do 13–17.30, Fr 9–16 Uhr, Abendkasse ab 45 Min. vor Start
Die Oper im Elsass – eins der vier großen Opernhäuser in Frankreich – ist ein dezentralisiertes Gemeinschaftsunternehmen dreier Städte: Straßburg hat die Oper, Mulhouse das Ballett und Colmar die Operette. Das Haus widmet sich der französischen Klangkunst, aber auch internationalen Klassikern und bringt viele Koproduktionen mit anderen Häusern auf die Bühne. Die Aufführungen finden im klassizistischen Théâtre Municipal an der Place de Broglie oder im Palais de la Musique et des Congrès statt. Für Studenten und im

Jenseits der Fachwerkidylle findet in Straßburg ein reges kulturelles Leben statt: Vernissage einer Fotoausstellung

Last-Minute-Verkauf an der Abendkasse gibt es Ermäßigungen.

Palais de la Musique et des Congrès (E 3)

Place de Bordeaux – Wacken
Tram B – Palais des Congrès
Tel. 03 88 37 67 67
In diesem modernen Veranstaltungszentrum mit großen Zuschauerkapazitäten finden Kongresse und Konzerte statt. Hier ist auch die Heimat des **Orchestre Philharmonique.** Avenue Herrenschmidt, Tel. 03 88 15 09 09.

Le Zenith

Anfang 2008 eröffnet Straßburgs Mega-Veranstaltungszentrum Le Zenith, das 10 000 Besuchern einen Platz und so unterschiedlichen Künstlern wie Marc Knopfler und Hansi Hinterseer eine Bühne bieten soll. Das orangefarbene Ufo des Architekten Massimiliano Fuksas erhebt sich an der A 351 in Eckbolsheim westlich des Zentrums, ein bislang wenig heimeliges Terrain neben dem Hochhausghetto Hautpierre. Doch soll, Zukunft der Zukunft, hier auch der neue Parc des Expositions entstehen.
www.zenith-strasbourg.fr

Revue & Kabarett

Music Hall Adam Meyer

s. S. 63

La Choucrouterie (C 6)

20, rue St-Louis
Tel. 03 88 36 07 28
www.choucrouterie.com
Das Kabarett des elsässischen Barden Roger Siffer (»Die Gedanken sind frei«) in einer ehemaligen Sauerkrautfabrik in

der Krutenau liegt über den Hof von seiner empfehlenswerten gleichnamigen Winstub (s. S. 46). In Französisch und Elsässer Mundart, hin und wieder sogar in Deutsch, wird teils klabautrige, teils ätzend satirische Kleinkunst dargeboten, bei der alle, vor allem die Obrigkeit und die Konservativen, ihr Fett abkriegen. Die familiäre Enge macht einen Teil des Charmes dieses Flaggschiffs der Regionalkultur abseits von Trachtengruppen und Storchenromantik aus. In La Chouc' ist noch der Geist der 68er und der Wyler Anti-Atomkraftler sehr lebendig.

Theater & Ballett

Alle Aufführungen sind natürlich in Französisch.

Le Kafteur (B 5)

3, rue Thiergarten
Tel. 03 88 22 22 03
www.kafteur.com
Vorverkauf Di–Do 13–17.30, Fr 9–13 Uhr
Das kleine Privattheater mit interessanten Aufführungen komischer wie ernsthafter Natur zeigt auch Stücke für Kinder.

Le Maillon

Théâtre de Strasbourg – Germain Muller
13, pl. André Maurois (außerhalb) und Place de la Foire des Expositions im Wacken (E/F 3)
Tram A Haltestelle Hautepierre Maillon bzw. Tram B – Wacken
Tel. 03 88 27 61 71
www.le-maillon.com
Das Theater und Kulturzentrum in der Satellitenstadt Hautepierre mit einem zweiten Veranstaltungssaal im Wacken, ist eine typische Gründung der späten 1970er Jahre (»Mit der Kultur in die Vorstädte und sozialen Brennpunkte gehen.«) Neben Theaterstücken stehen Filme, Konzerte, Ausstellungen u. v. m. auf dem Programm.

Théâtre du Jeune Public

7, rue des Balayeurs (Großer Saal; E 6), 1, rue Pont St-Martin (Kleiner Saal; C 6)
Tel. 03 88 35 70 10
www.theatre-jeune-public.com
Vorverkauf Di, Do, 9.30–12, 13.30–18, Mi 9.30–12, 14–18, Sa 13–17 Uhr
Dieses Kinder- und Jugendtheater zeigt eigene Kreationen und Stücke auswärtiger Ensembles. Die Aufführungen sind zwar in Französisch, doch beinhalten sie naturgemäß mehr ›sprachlose Kommunikation‹ als Theater für Erwachsene und können sich so auch für kleine Zuschauer lohnen, die nicht perfekt Französisch sprechen. Im Juni findet ein Festival für Amateurschauspieler statt.

Théâtre National de Strasbourg / TNS (D 5)

1, av. de la Marseillaise
Tel. 03 88 24 88 24
www.tns.fr
Vorverkauf Mo 14–18, Di–Sa 10–15 Uhr
Das einzige prestigeträchtige Nationaltheater in der französischen ›Provinz‹, 1968 von André Malraux gegründet, residiert standesgemäß im ehemaligen preußischen Landtag. Schwerpunkt ist das zeitgenössische Theater, es werden aber auch französische und internationale Klassiker aufgeführt. Sehr renommiert ist auch die Schauspielschule des TNS. Da man viel Wert auf die Öffentlichkeitsarbeit legt, werden Begegnungen mit Regisseuren und Schauspielern organisiert. Der Direktor Stéphane Braunschweig ist ein Garant für hohe Programmqualität.

Unterwegs mit Kindern

Unterkunft

Straßburg ist wie alle großen Städte keine spezielle Destination für den Familienurlaub, doch sind Kinder überall gern gesehen. Man bemüht sich generell, den Bedürfnissen der kleinen Reisenden nachzukommen. In den meisten Hotels wird gegen einen geringen Aufpreis ein Kinderbett *(lit d'enfant)* ins Zimmer der Eltern gestellt, ganz kleine Kinder übernachten meist kostenlos.

Manche Hotels, vor allem der oberen Kategorie, bieten einen Babysitterdienst *(garderie)* an, wenn die Eltern in aller Ruhe zu Abend essen oder ausgehen möchten. Empfehlenswert ist auch die Mitnahme eines Babyfons, wenn man im Hotel essen möchte und den Nachwuchs zu Bett gebracht hat.

Essen

Fast alle Restaurants verfügen über KIn-derstühle *(chaise d'enfant)* für die ganz Kleinen, und die meisten bieten auch ein reduziertes Kindermenü *(menu d'enfant)* an.

Ältere Kinder können im Allgemeinen auch in Feinschmeckerlokale mitgenommen werden. Mit einem traditionell lange währenden Mehr-Gänge-Menü wird man den Kleinen aber in der Regel keinen Gefallen tun. Und sich selbst meist auch nicht, denn in der gehobenen Gastronomie ernten quengelnde Kinder und deren Eltern meist wenig Verständnis.

Besuchen Sie lieber Winstubs, einfache Ethno-Restaurants oder Flammkuchen-Restaurants. Letztere sind sowieso ideal, denn da darf man mit den Fingern essen.

Auf vielen, aber durchaus nicht allen Damentoiletten befindet sich ein Wickeltisch *(table à langer)*.

Unternehmungen

Tour 3 (Zoologisches Museum, Planetarium, Wissenschaftszentrum Le Vaisseau, Spielzeugläden) auf S. 112/113 ist speziell für Familien mit Kindern.

Von Kirche zu Museum geschleppt zu werden, macht den wenigsten Kindern Spaß. In der **Minitram** durch die Altstadt (s. S. 24) oder auf dem **Bötchen** über die Ill-Arme zu fahren dagegen sehr. Auch die Ersteigung der **Münster-Plattform** (s. S. 86) kommt meist gut an. Zwischen Museumsbesuchen kann man an der Ill spazieren gehen, Enten und den Gassi gehenden Stadthunden zugucken. Wasserratten schwimmen gern in den **Bains Municipaux** (s. S. 81), Affenkinder klettern im Indoor-Spielplatz **Tubituba** (s. S. 79).

Das kinderkompatible Erdgeschoss des **Tomi Ungerer-Museums** (s. S. 96), das **Museumsschiff Naviscope** (s. S. 98) sowie das **Théâtre du Jeune Public** (s. S. 76) sind weitere Attraktionen für Kids.

Action und Auslauf bieten der **Parc de l'Orangerie** mit Spielplatz, Minizoo und Bötchenverleih (s. S. 99), der **Jardin des Deux Rives** (s. S. 99) sowieder **Parc de Pourtalès** (s. S. 99). **Spielplätze** finden Sie auf der Place des Orphelins (D 6), auf dem Square Louise Weiss in der Petite France (C 6) und im Parc de la Citadelle (F/G 7).

Der **Strasbourg-Pass junior** für 5,70 € bietet wie für Erwachsene (s. S. 14) eine Kombination aus freiem Eintritt und Preisreduktionen.

Kostenlos liegt der monatliche Führer für Familien, **Bibouille**, mit allen erdenklichen Terminen und Infos für Kinder und Jugendliche im Office de Tourisme, in Hotels etc. aus. Im Internet unter www.bibouille.net

Aktiv in Straßburg

Paddler auf der Ill vor dem Europa-Parlament

Generelle Infos: Beim Office de Tourisme de Strasbourg (s. S. 20). Auf der Website des elsässischen Fremdenverkehrsvereins www.tourisme-alsace.com, fürs Departement unter www.tourisme67.com. Alle Straßburger Sportclubs im Internet unter www.ods67.com.

Bowling und Billard

Im Bowling de l'Orangerie mitten im Park kann man nicht nur bowlen, sondern auch Poolbillard und Snooker spielen.

Bowling du Jardin de l'Orangerie (G 4)
Tel. 03 90 41 68 00, Mo 10–24,
Di–Do 10–1, Fr 11–2, Sa 10–3,
So 10–12 Uhr.

Eislaufen

Auf dem **Patinoire de Strasbourg ›L'Iceberg‹** (A 4) drehen Schlittschuhläufer ihre Kreise.
Rue Pierre Nusse, Tel. 03 90 20 14 14
www.patinoire-iceberg.com
Mo, Do 17–19, Di 20.30–0, Mi 14–18.30, 20.30–0, Fr 20.30–0.30, Sa 14–18.30, 20.30–0.30, So 10–13, 15–18.30 Uhr.
In der Adventszeit wird eine weitere Eisbahn vor dem Münster aufgebaut.

Fitness

Fitnesszentren mit Sauna, Solarium und Schwimmbad haben einige Hotels der Luxuskategorie wie Régent Contades und Régent Petite France (s. S. 34). Erfreulicherweise sind auch zwei Hotels der Zwei-Sterne-Kategorie mit Saunen und Geräteräumen ausgestattet: Aux Trois Roses (s. S. 31) und Villa d'Est (s. S. 31).

Trimmpfade *(Parcours de santé)* sind zu finden am Baggersee (Rue du Baggersee), im Forêt du Neuhof (Rue de l'Oberjaegerhof), und in Robertsau (Route de la Wantzenau).

Golf

Die Golfclubs bei Straßburg lassen unter bestimmten Bedingungen auch Nichtmitglieder spielen:

Golf du Fort
Route du Fort Uhrich
Illkirch-Graffenstaden
Tel. 03 90 40 06 70
Fax 03 90 40 06 71
www.golfdufort.com

Golf Club Kempferhof
351, rue du Moulin
Plobsheim
Tel. 03 88 98 72 72
Fax 03 88 98 74 76
www.golf-kempferhof.com

Golf de la Wantzenau
La Wantzenau
Tel. 03 88 96 37 73
Fax 03 88 96 34 71
www.golf-wantzenau.com

Indoor-Spielplatz

Kletterlabyrinth u. v. m. für 1- bis 12-Jährige, Kleinkinderspielbereich für bis zu Dreijährige.

Tubituba
8, rue du Fort (am Parkplatz des Hypermarché Rond-Point)
67118 Geispolsheim
Tel. 03 88 66 20 32
Di, Do, Fr 16.30–20, Mi, Sa, So 10–20, in den Schulferien Mo 14–20, Di–So 10–20 Uhr

Karting

Der 400 m lange Parcours bietet alle Schikanen, einen Tunnel und schnelle Geraden. Ab 16 Jahren darf man mit Mini-Motorrädern, ab 7 in Minikarts und ab 12 in den großen Karts fahren. Sa/So gibt es Einführungen für Kinder.

Kart Indoor Chrono
Rue du Colonel Lilly
Fegersheim
Tel. 03 88 59 03 40
Fax 03 88 59 09 02
www.kartindoorchrono.com

Klettern

Kommerzielle Kletterwand von 1000 m^2, 150 Kletterwege aller Schwierigkeitsgrade, Einweisung für Erwachsene und Kinder ab 6 Jahren.

Roc en Stock
25D, rue du Maréchal Lefebvre (geht ab von der Rue de la Plaine des Bouchers, C8)
Tel. 03 88 79 11 70
Fax 03 88 79 08 49
Mo 17–22, Di, Fr 12–14, 17–22, Mi 12–22, Sa 14–19, So 10–19 Uhr

Radfahren

Die Fahrradwege in und um Straßburg sind besonders gut ausgebaut. Die Tiefebene am Rhein ist flach, was keine besondere Kondition erforderlich und die Straßburger Umgebung ideal für Familienausflüge macht. Einen kostenlosen Fahrradwegeplan erhält man beim Office de Tourisme (s. S. 20).

›Le Bas-Rhin à bicyclette‹: Eine kostenpflichtige, sehr nützliche Broschüre mit Infos zu minuziös beschriebenen Touren, Fahrradverleihen und Reparaturwerkstätten. Herausgegeben wird sie von der Agence de Développement Touristique du Bas-Rhin.

Auch im Internet finden Sie zahlreiche Routenvorschläge rund ums *vélo* auf der Website des Fremdenverkehrsvereins des Departements, www.tourisme67.com.

Transport: Fahrräder gibt man verpackt und gegen Gebühr möglichst zehn Tage vorher auf. Im Binnenverkehr kann man das Rad bei Zügen mit Fahrradzeichen umsonst im Abteil mitnehmen, in der Tram außerhalb der Stoßzeiten kostenlos.

Fahrradsportverein des Departements:
Comité départemental de Cyclisme
Maison des Sports

Hausboot fahren

Ein mit Dieselmotor dahintuckerndes Hausboot kann man ohne Führerschein mieten und höchst geruhsam auf Rhein-Marne- und Rhein-Rhône-Kanal von Strasbourg nach Saverne in den Norden oder nach Mulhouse und Rhinau im Süden steuern.

VNF (Service de la Navigation et Voies Navigables de France)
Geschäftsstelle für Straßburg:
25, rue de la Nuée Bleue
Tel. 03 88 21 74 74
Fax 03 88 75 65 06
www.vnf.fr

Mit dem Fahrrad durch Straßburg: kein Problem

4, rue Jean Mentelin
67000 Strasbourg
Tel. 03 88 26 94 46

Reiten

Folgende Clubs bieten Reitschule, Ausritte, Ponyreiten ab 4 oder 5 Jahren und Voltogieren an:

Club Equestre de Strasbourg
1, rue des Cavaliers (am Port du Rhin)
Tel./Fax 03 88 61 67 35
Di, Do, Fr 14–20, Mi, Sa 8–12 Uhr

Club Hippique Le Waldhof
Ferme du Waldhof
La Wantzenau
Tel. 03 88 96 60 57
www.waldhof.fr
Mo–Fr 14–19 Uhr

Segel- und Fallschirmfliegen

Segelfliegen und Fallschirmspringen werden auf dem Flugfeld Aérodrome du Polygone in Neudorf praktiziert. Initiationsflüge und -sprünge sowie Kurse sind möglich. Rundflüge s. S. 25.

Segelfliegen
Centre d'Instruction et de
Pratique du Vol à Voile
Tel. 03 88 44 41 99
Fax 03 88 84 14 13
www.aeroweb-fr.net

Fallschirmspringen
Centre Ecole de Parachutisme
Tel. 03 88 84 48 48
Fax 03 88 84 81 20
www.alsace-para.net

Strand & Wassersport

Strandurlaub am Straßburger Stadtrand? Kein Problem. Der Badesee Etang du Baggersee in Illkirch-Meinau hat sogar eine eigene Tram-Haltestelle. Man kann schwimmen, sich auf dem Sandstrand grillen, kostenlos klettern, Kanu oder Fahrrad fahren – an warmen Sommertagen scheint ganz Straßburg hier Badeurlaub zu machen.

Kanufahren
Auskunft erteilt der elsässische Wassersportverein.

Comité Départementale et Ligue de Canoe-Kayak
4, rue Jean Mentelin
Tel. 03 88 26 94 07

Club Strasbourg Eaux-Vives
36, rue Pierre de Coubertin
Tel. 03 88 31 49 00

Fax 03 88 31 42 99
http://strasbourg.eauxvives.free.fr
Mitten im von Wasserwegen durchzogenen Europaviertel. Von hier kann man auf dem nahen Stausee, auf der Ill und ihren Kanälen durch die Stadt, im Rheinhafen und auf dem Rhein mit Kajaks und Kanus fahren, sei es sportlich mit Slalom und Wasserpolo oder gemütlich als Ausflug.

Wandern

Das Wanderland Elsass mit einem Netz von an die 16 000 km gut markierten Wanderwegen liegt vor Straßburgs Haustür. Der 1872 gegründete Club Vosgien, der älteste französische Wanderverein, hat seinen Sitz in der Innenstadt. Hier kann man Wanderkarten kaufen und Infos abrufen.

Fédération du Club Vosgien
16, rue Ste-Hélène, Strasbourg
Tel. 03 88 32 57 96
Fax 03 88 22 04 72
www.club-vosgien.com
Die Wanderkarten ›Top 25‹ vom Club Vosgien im Maßstab 1:25 000 gibt es auch in allen Buchhandlungen und in manchen Souvenirläden.

Wandertipps rund um den Odilienberg mit seinen mittelalterlichen Burgen s. S. 105.

Wellness

Allure (C 5)
5, quai Kellerman
Tel. 03 88 32 44 02
www.allure-prestige.fr
Mo–Mi, Fr 8–20, Do 8–23, Sa 8–19, So 9–12 Uhr
In dieser kleinen Schönheitsfarm kann man sich in Form bringen und verschönern lassen. Die junge Service-Equipe bietet in einem intimen, in warmen Beige-Tönen gehaltenen Rahmen Permanent-Make up, Massagen, Minimalsportprogramme, Ernährungsberatung, Schwitzkuren von Iyashi Dôme, Beauty Tek oder Kosmetik von Comfort Zone an.

Römisch saunen im Jugendstilbad

Ein ganz besonderes Vergnügen ist der Besuch von Jugendstilschwimmbad und Sauna, der Bains Municipaux. Sie wurden 1908 vom Berliner Architekten Fritz Beblo erbaut. Man schwimmt in einem domähnlichen Hallenbad, wo auch Wassergymnastik und Schwimmunterricht stattfinden. Oder man genießt ›römische‹ Saunafreuden in herrlich altertümlichen Räumen mit Marmorplatten, Buntglasfenstern, großväterlichen Sitzbadewannen und edel verkrusteten Kupferinstallationen. Das alles unter der freundlich-bestimmten Ägide eines Bademeisters, der einen vor den alten Umkleidekabinen in Empfang nimmt und über die Regeln des Saunierens aufklärt.

Bains Municipaux (E 5)
10, bd. de la Victoire, Tel. 03 88 25 17 58
Wegen häufig wechselnden Öffnungszeiten vorher bei der Zentralstelle der Stadtverwaltung anrufen: Tel. 0800 800 218.
Schwimmbad: Mo 8.30–19, Di 16.30–21, Mi 9–20, Do 8–21, Fr 8–20, Sa 8–18, So 8–13 Uhr.
Bains Romains: Damen Mi 13–20, Fr 9–12, 14–20, Herren Mo 13–19, Do 14–21, Sa 8–12.30, Mixte Di 14–21, Sa 13–18, So 8–13 Uhr,
Preise: Sauna 10,30 €, Schwimmen 2,85 €.

Moderner Städtebau im Europaviertel

Sehenswert

Stadtteile

Innenstadt/Kathedralviertel (C/D 5/6)

Die annähernd eiförmige, von der Ill und dem Fossé du Faux Rempart umflossene Innenstadt ist von ihren Ausmaßen her – gut 1,5 km in Ost-West- und ca. 1 km in Nord-Süd-Ausdehnung – bequem zu Fuß zu durchstreifen: die beste Möglichkeit, in der ausgedehnten Fußgängerzone um Rue des Hallebardes, Rue des Juifs und Rue des Orfèvres zu shoppen oder die von der Unesco zum Weltkulturerbe erklärte Altstadt um die Kathedrale herum zu erkunden. Hier, um Place de la Cathédrale und Rue Mercière, Place du Marché aux Cochons de Lait und Place du Marché aux Poissons, tobt – nicht zu Unrecht – das touristische Leben, denn hier stehen die meisten der hohen, historischen Fachwerkhäuser mit den steilen roten Ziegeldächern, den Gaubenbatterien auf den Dächern und den Winstubs und Andenkenläden im Erdgeschoss. Im Innenstadtteil konzentrieren sich zudem die meisten Museen, Kirchen und historischen Bauwerke. Doch auch die versteckten Kleinigkeiten lohnen einen Blick: ein barockes Portal mit Muschelornamenten, ein kleiner Hinterhofladen, eine Madonnenstatue an der Hausecke.

Highlight 5

Petite France (C 6)

Übel beleumundet war das Gerberviertel ehemals: In den heute so pittoresk wirkenden alten Fachwerkhäusern mit den zum Trocknen der Häute bestimmten charakteristischen Dächern stank es ganz erbärmlich. Heute stellt es neben der Kathedrale die touristische Attraktion Straßburgs dar. Am frühen Morgen und späten Abend oder in der Nebensaison vermeidet man die übliche Überlaufenheit des Viertels und kann in Ruhe durch die engen, von Fachwerkschönheiten gesäumten Gassen wie die Rue du Bain aux Plantes bummeln und im intimen historischen Flair schwelgen. Im Südwesten der Innenstadt gelegen, wo die Ill sich, zunächst noch eingeschnürt von Vauban-Wehr und den Ponts Couverts (›Gedeckten Brücken‹), zu vier Armen auffächert, ist das ›Kleine Frankreich‹ ganz vom Wasser geprägt.

Wilhelminische Neustadt (D/E 4/5)

Nach der Eroberung der Stadt 1870 legten die neuen preußischen Herren am anderen, nördlichen Ende der Innenstadt eine planmäßige Neustadt mit breiten Prachtstraßen, großzügigen Plätzen und repräsentativen Bauten in allen Spielarten des damals aktuellen historistischen Baustils an – heute sind die teils verspielt ans Mittelalter anklingenden, teils protzig klassizistischen Häuserblocks eine begehrte, nicht billige Wohnadresse. Von den ehemals staatstragenden Regierungs- und Verwaltungsbauten um die Place de la République flaniert man eine Viertelstunde zu den Tempeln des Geistes im Universitätsviertel (E/F 5/6) um den Boulevard de la Victoire.

Finkwiller/Krutenau (C/D/E 6/7)

Tour 2 (s. S. 110/111) führt durch dieses ehemalige Kleine-Leute- und Militärviertel südöstlich der Innenstadt. Preiswerte Restaurants und Studentenlokale, Tante Emma-Läden und türkische Lebensmittler neben teuer sanierten Appartements, schicken Designgeschäften und ganz gewöhnlichen Mietskasernen sorgen für einen sehr gemischten Charakter, sodass die oft zu hörende Einordnung als Studenten-, Amüsier- und Künstlerviertel zu kurz greift. Außerdem gibt es kein rechtes Zentrum, sondern alles liegt ziemlich zerstreut. Im Süden von Finkwiller/Krutenau erstreckt sich der weitläufige Krankenhauskomplex, im Norden geht es nahtlos ins wilhelminische Universitätsviertel über.

Europaviertel (F/G 3)

An das wilhelminische Viertel schließt sich im Norden das moderne, weitläufige Europaviertel an, von Ill, Aar und dem Canal de la Marne au Rhin durchflossen und von großen Grünflächen aufgelockert. Ein gut halbstündiger Spaziergang entlang der Ill bringt einen von der Innenstadt zu den Sitzen von Europarat und Europa-Parlament sowie zum erholsamen Parc de l'Orangerie. Noch ein bisschen weiter nach Nordwesten finden sich Kongresszentrum, Ausstellungsgelände Wacken und Ill-Stadion. Zwischen Kongresszentrum und neuem Europa-Parlament liegt die auch heute noch von jungen, kinderreichen Paaren bewohnte, 1923 gebaute Gartenstadt Ungemach mit ihren Blumennamenstraßen, ein Beispiel gelungenen sozialen Wohnungsbaus.

Port Autonome de Strasbourg (H/K 4–7)

Der nach Duisburg zweitgrößte Rheinhafen ist nicht allzu weit von der Innenstadt entfernt: Keine 500 m östlich des Parc de l'Orangerie beginnen die ersten Becken, auf die der von hübsch reno-

Weinprobe im Hospiz

Das städtische Hospital bildet eine Stadt für sich. Das lang gestreckte Hauptgebäude vom Beginn des 18. Jh. versteckt in seinem mittelalterlichen Kellergewölbe den historischen Weinkeller. Der Zugang befindet sich auf der Rückseite des Gebäudes. Zwischen mächtigen Säulen und uralten Eichenfässern – eins enthält einen bernsteinfarbenen, noch trinkbaren Wein von 1472 – kann man hier heute Weine aus dem Elsass und anderen französischen Anbaugebieten verkosten und kaufen – stilechter geht es wohl nicht.

Cave historique des Hospices de Strasbourg (D 7)
1, pl. de l'Hôpital, Finkwiller
Mo–Fr 9–12, 13–17.30, Sa 9–12.30 Uhr Eintritt kostenlos

Der schönste, der berühmteste Straßburg-Blick: die Petite-France

vierten Villen des 19. Jh. gesäumte Kai, Rue du Général Picquart und Rue du Général Conrad, einen guten Blick bietet. Liebhaber des ganz speziellen Charmes von Lagerhallen, Kränen und Abrissbrachen können mit Rad oder Auto über die geraden Teerstraßen brausen oder im Sommer eine Bootsrundfahrt buchen (s. S. 25). Südlich von Bassin d'Austerlitz und Bassin de la Citadelle entsteht jedoch um Le Vaisseau (s. S. 98) und die 2008 eröffneten Archives Départementales langsam ein neues Viertel. Wird Wohnen am Hafen bald auch in Straßburg schick wie in London, Hamburg oder Dublin? Im Süden der lang gestreckten Hafen-Rheininsel liegt der Parc du Rhin (J/K 8), nach Osten geht es dann über die Europabrücke ins deutsche Kehl (Bus Nr. 2).

Bauwerke, Straßen, Plätze

Aubette (C 5)

Place Kléber

In dem langgestreckten neoklassizistischen Gebäude des Pariser Architekten Blondel von 1768–70 wurde einst die morgendliche Garnisonsorder *(aube)* ausgegeben. Zur Zeit wird sie inklusive Ciné-Dancing restauriert, ein abstraktes Raumkunstwerk von Hans Arp und Theo van Doesburg von 1926–29.

Barrage Vauban (B 6)

Petite France

Panoramaterrasse geöffnet tgl. 9–19.30 Uhr, Eintritt frei

Nach Plänen des berühmten Militärarchitekten Vauban Ende des 17. Jh. errichtetes Stauwehr mit Schleusen und Fallgittern, die eine Überflutung der Stadt – wie beim Krieg 1870/71 geschehen – ermöglichen. Von der Terrasse hat man einen fantastischen Blick auf die Ponts Couverts, im Hintergrund sticht der Münsterturm in den Himmel. Der Gang untendurch führt an gruselig-finstren Abstellkammern für ausgemusterte Statuen vorbei.

Highlight 6

Bootsanleger für Stadtrundfahrten (D 6)

Ill-Ufer, unterhalb des Palais Rohan

Abfahrt: April–Okt. halbstdl. 9.30–21, 29. Nov.–31. Dez. halbstdl. 9.30–17, sonst mindestens 10.30, 13, 14.30 und 16 Uhr.

Die Fahrt in den Glasdachbooten von Strasbourg Fluvial führt auf der Ill um die Altstadt bis zum Europaviertel – eine entspannte, angenehme Art, sich einen ersten Überblick über Straßburgs Schokoladenseiten zu verschaffen. Bei guter Witterung werden die Glasdächer hochgeklappt, bei Regen sitzt man komfortabel und trocken mitten im Wasser. Der Kommentar über Kopfhörer erfolgt auch in Deutsch. Die Fahrt dauert 75 Minuten und kostet für Erwachsene 7,40 €, für Kinder von 3 bis 18 Jahren 3,70 €.

Brasserie Heineken (C 1/2)

4, rue St-Charles, Schiltigheim

Bus Nr. 4, Haltestelle Schiltigheim Mairie

Mo–Sa Nachmittag, Film, kostenlose Führung und Bierprobe nach Anmeldung, Tel. 03 88 19 57 55

www.brasseriesheineken.fr

Bevor die niederländische Firma Heineken die Brauerei kaufte, hieß sie ›Espérance‹. Das großartige Sudhaus mit Buntglasfenstern, Mosaikboden und Kupferbraukesseln ist eine wahre Kathedrale der Braukunst.

Brasserie Kronenbourg (außerhalb)

68, route d'Oberhausbergen

Tram A, Haltestelle Ducs d'Alsace

Tel. 03 88 27 41 59

www.brasseries-kronenbourg.com

Bierprobe und Führungen, bei Bedarf auch in Englisch und Deutsch, Mai–Sept., Dez. Mo–Sa, Febr.–April, Okt./Nov. Di–Sa 9–16 Uhr. Nur nach vorheriger Anmeldung (s. Tour 5, S. 116).

Highlight 7

Cathédrale Notre-Dame (Münster) (D 6)

Place de la Cathédrale

www.oeuvre-notre-dame.org

7–11.20, 12.35–19 Uhr, So Morgen wegen Messe keine Besichtigung

Astronomische Uhr: Mo–Sa 12.30 am Südportal, Einlass ab 12 Uhr

Plattformbesteigung: April–Sept. tgl. 9–19.15, Juli/Aug. auch Sa nachts, Okt.-März tgl. 10–17.15 Uhr.

Meisterwerk der europäischen Gotik: Johann Gottfried Herder, Achim von Arnim, die Gebrüder Schlegel besangen das Straßburger Münster hymnisch, Goethe schrieb: »Wie das festgegründete ungeheure Gebäude sich leicht in die Luft hebt; wie durchbrochen alles und doch für die Ewigkeit.« ›Französisch‹ oder ›deutsch‹, lautete damals eine heiß diskutierte Frage. ›Deutsch‹, entschied Goethe in seiner Schrift ›Von deutscher Baukunst‹, doch die heutige Kunstgeschichte spricht ein salomonisches Urteil: Einflüsse aus vielen europäischen Regionen machen das Münster zu einer wahrhaft europäischen Größe. Rainer Maria Rilke nannte es gar das »ungeheure Münster …, überall wuchs es auf und war da«. In der Tat kann man sich der Wucht der Fassade kaum entziehen, wenn man die schmale Rue Mercière betritt. Schon von weither, von der Autobahn aus, sieht man den Turm über der Stadt aufragen.

Gebaut in Jahrhunderten: Die Bauzeit des Münsters reicht vom Ende des 12. Jh., als die spätromanischen Partien von Apsis und Querhaus entstanden, bis 1439, als der Kölner Baumeister Johannes Hultz der Fassade in 142 m Höhe die spätgotische Turmspitze aufsetzte.

Westfassade Skulpturen außen: Die drei Figurenportale der Westfassade (die Originale befinden sich nebenan im Musée de l'Œuvre Notre-Dame), die 16-teilige Fensterrose und die filigranen Maßwerkpartien darüber werden oft als ›Harfe aus Stein‹ bezeichnet. Thema des Tympanons am nördlichen (linken) Nebenportal ist die Jugend Christi, die Gewändestatuen stellen die Tugenden und Laster dar. Wie eine feine Damengesellschaft mit Herr aus dem 13. Jh. wirken die Klugen und Törichten Jungfrauen samt Versucher am südlichen (rechten) Nebenportal. Darüber im Tympanon passenderweise das Jüngste Gericht. Die Gewändestatuen am Hauptportal in der Mitte sind Propheten, im Tympanon reicht der mittelalterliche ›Comic Strip‹ vom Einzug in Jerusalem links unten bis zur Himmelfahrt oben.

Skulpturen Südportal außen: Ecclesia (Kirche) und Synagoge aus der Zeit um 1220 am Südportal sind die vielleicht berühmtesten und schönsten Skulpturen des Münsters.

Innenraum: Auch das Kircheninnere entstand in verschiedenen Bauphasen. Wer von der archaisch-dunklen Krypta aus dem 11./12. Jh. in den lichten, in die Höhe strebenden Innenraum hochkommt, wandert sozusagen von der Romanik in die Gotik. Ein einzigartiges Meisterwerk der Frühgotik ist der Engelspfeiler im südlichen Querschiff: Über den vier Evangelisten blasen vier Engel die Trompeten des Jüngsten Gerichts, darüber thront Christus als Weltenrichter, umgeben von drei Engeln. Von der reich verzierten spätgotischen Kanzel predigte einst der berühmte Theologe Geiler von Kaysersberg.

Ein besonderer Schatz sind die mittelalterlichen Glasfenster, hier besonders der Zyklus der deutschen Kaiser und Könige im nördlichen (linken) Seitenschiff. Hinter dem bunt bemalten, alle Blicke auf sich lenkenden spätmittelalterlichen Orgelgehäuse hockte einst der ›Roraffe‹, ein launiger Geselle, der den Gläubigen unten im Kirchenschiff Frechheiten und Obszönitäten zurief.

Astronomische Uhr: Seit 1547 ziehen jeden Tag um 12.30 Uhr die zwölf Apostel der Astronomischen Uhr vor Christus vorbei – ein unvergessliches Erlebnis. Jede Viertelstunde zieht eins der vier Lebensalter vor dem Sensenmann vorbei, der die vollen Stunden schlägt.
Plattformbesteigung: Von oben hat man einen unvergleichlichen Blick über den vollen Domplatz unten bis zu den bläulich schimmernden Vogesen am Horizont.

Cour du Corbeau (D 6)

geht ab von der Place du Corbeau
am Quai des Bateliers
Ein winziger Gang – vorn an der Hausecke befindet sich eine geschnitzte Rabenfigur – führt von der mit Restauranttischen bedeckten Place du Corbeau zum Rabenhof aus der Renaissance. 1528 bis 1854 war dies der meistfrequentierte Gasthof der Stadt. Nach einigen Restaurierungsarbeiten scheint man aber inzwischen die vom Zahn der Zeit angenagten Holzgalerien und Fachwerkgebäude um den schmalen Innenhof und den Brunnen wieder ihrem Schicksal zu überlassen.

Grand-Rue (C 6)

Die lange Einkaufsstraße in der westlichen Innenstadt wird gesäumt von Snacks, preiswerten Restaurants aus aller Herren Länder und Geschäften, Geschäften, Geschäften: Schuhe, Kinderkleidung, Boutiquen, Dessous, Friseure, Lebensmittel, Teeladen – gut für ein nicht zu teures, entspanntes Shoppen. Früher wirtschafteten hier allein sechs Brauereien – beachten Sie z. B. den Schwan im Hopfenkranz und das Bierglas im Brauerstern am Haus Nr. 24, der alten Brauerei zum Schwan.

Hôtel Klinglin (D 5)

19, rue Brûlée/Quai Lezay-Marnésia
Das schönste der Rokoko-Adelspalais im Pariser Stil, 1732–36 von Johann Peter Pflug für den königlichen Prätor

Warten auf die Apostel: vor der Astronomischen Uhr im Münster

Klinglin erbaut, wendet seine Schauseite zur Ill hin.

Hôtel de Ville (D 5)

Place de Broglie
Das heutige Rathaus wurde 1731–36 vom Modearchitekten Joseph Massol für Reinhardt III. von Hanau-Lichtenberg errichtet. Neid auf Kardinal Rohans Prachtbau nebenan war des Grafen Beweggrund.

Ill-Ufer und -Kais (D/E 6)

Quai St-Nicolas, Quai des Bateliers, Quai des Pêcheurs
Alte, bunt gestrichene Fachwerkhäuser säumen das Krutenauer und Finkwiller Ill-Ufer, oft mit preiswerten Restaurants, Antiquitätenläden und Boutiquen mit nicht alltäglicher Kleidung im Erdgeschoss. (s. S. 110). Einen schönen Blick auf die Kaihäuser hat man vom Fußweg auf dem gegenüberliegenden Innenstadt-Ufer, wo man wunderschön spazieren gehen oder es den Straßburgern gleich tun kann, die hier Schwäne füttern, auf den vielen Bänken eine Bretzel essen und Hundi in den *canisite* (Hundeklo) führen.

Highlight 8

Maison Kammerzell (D 6)

16, pl. de la Cathédrale
Das schönste Straßburger Fachwerkhaus hat ein spätmittelalterliches steinernes Untergeschoss von 1467 und Fachwerkobergeschosse aus der Renaissance von 1589. Der wundervolle, überbordende Schnitzschmuck an Fenstern und Eckpfosten zeigt an der Fassade zum Münster die Tierkreiszeichen, die Fünf Sinne und die Menschenalter, an der Westseite Musikanten, die Neun Helden und Heldinnen und die drei göttlichen Tugenden Glaube, Liebe, Hoffnung. Heute steht es als Hotel (s. S. 33) und Restaurant (s. S. 47) im Dienste des Gastes.

Mikvé (Jüdisches Bad) in Bischheim (außerhalb)

17, rue Nationale, Bischheim
Bus Nr. 4, Haltestelle Cheval Blanc
Juli/Aug. Di 16–19, Mi 14–18,
Fr 10–13, Sa 10–16, Sept.–Juni und während Ausstellungen Di, Mi, Fr–So 14.30–18.30 Uhr
Das jüdische Ritualbad aus dem 16. Jh. ist komplett restauriert. Eine originale Steintreppe führt hinunter in das von Steinplatten gebildete Becken. Angeschlossen ist ein kleines Museum zur jüdischen Gemeinde von Bischheim.

Münster

s. Cathédrale Notre-Dame

Palais des Droits de l'Homme (G 3)

Quai Ernest Bevin
Bus No 6, Haltestelle Palais de l'Europe
Tel. 03 88 41 34 95
www.echr.coe.int
Besichtigung für Gruppen nach Voranmeldung Mo–Fr 9–17 Uhr, Juristen können an den Sitzungen teilnehmen.
Die beiden architektonisch sehr gelungenen Glaszylinder des Europäischen Gerichtshofs für Menschenrechte scheinen über dem Canal du Marne au Rhin zu schweben. Sie sollen an die beiden Waagschalen der Justitia erinnern. Der britische Architekt Richard Rogers errichtete das postmoderne Gebäude 1995. Der Gerichtshof prüft Individual- und Staatsbeschwerden gegen Mitgliedsstaaten.

Die wichtigen Dinge des Lebens: vor dem Münsterportal

Palais de l'Europe (F 3)

Avenue de l'Europe
Bus No 6, Haltestelle Palais de l'Europe Besuch mit Führung auch in Deutsch außerhalb der Sitzungsperioden Mo–Fr, Anmeldung: Tel. 03 88 41 20 29, www.coe.int

Der hochsocklige Betonklotz im reinsten 1970er-Jahre-Stil ist Sitz des 1949 gegründeten Europarats, der ältesten, heute aus über 40 Mitgliedstaaten bestehenden europäischen Organisation. Der Sitzungssaal erinnert an einen Riesenpilz.

Palais du Rhin (D 5)

Place de la République
Der Berliner Architekt Hermann Eggert klotzte den gewaltigen Bau, ehemals als Palast für den Kaiser gedacht, nach der deutschen Eroberung 1870/71 nach dem Vorbild des Florentiner Palazzo Pitti hin – gravitätisch daherkommende Herrschaftsarchitektur auf hohem Sockel.

Highlight 9

Palais Rohan (D 6)

Place du Château
Das Schloss der Fürstbischöfe von Rohan ist eine prunkvolle Dreiflügelanlage um einen Innenhof, 1727–42 von den Pariser Modearchitekten Robert de Cotte und Joseph Massol im Régence-Stil errichtet und verschwenderisch mit Gemälden, Stuck und kostbaren Möbeln ausgestattet. Aus Platzmangel gab es keinen Garten, sondern eine Terrasse zur Ill hin. Heute beherbergt es das wirklich sehenswerte Museen-Trio Musée Archéologique, Musée des Beaux-Arts und Musée des Arts Décoratifs (alle Museen s. S. 95, 96).

Parlement Européen / Europa-Parlament (F 3)

Allée du Printemps
Tram E, Parlement Europeen
Leider können Individualtouristen sich das Ganze seit neustem nur von außen ansehen oder an den Sitzungen des Europäischen Parlaments teilnehmen (www.europarl.eu.int, Tel. 03 88 17 20 07). Besichtigung und Führung nur für Gruppen nach vorheriger schriftlicher Anmeldung.

800 Mio. Mark kostete der 1999 fertig gestellte postmoderne Prachtbau aus Glas, Stahl, Holz und jeder Menge edler Hightechmaterialien für die über 600 europäischen Parlamentarier, die seit 1979 in den Mitgliedstaaten der Europäischen Union direkt gewählt werden. Das wahrhaft labyrinthische Gebäude, benannt nach Louise Weiss, ist mit jeder Menge spannender Features wie einer von Rankpflanzen bewachsenen ›Schlucht‹ und dem in einer holzverschalten Riesenkugel steckenden Sitzungssaal ausgestattet und lohnt den Besuch. Ein gigantischer Serviceapparat von Friseur bis Koch umsorgt die europäischen Volksvertreter.

Place de Broglie (D 5)

Der lang gestreckte, von Platanen gesäumte frühere Rossmarkt und Paradeplatz ist einer der Schauplätze des Weihnachtsmarktes. Am Stirnende thront die säulengeschmückte Oper (s. Théâtre Municipal), an der südlichen Längsseite liegen zwei Rokokopalais, das Hôtel du Gouvernement Militaire (der ehemalige Zweibrücker Hof) und das Rathaus (s. Hôtel de Ville). In der heutigen Banque de France an der nördlichen Längsseite soll Rouget de Lisle 1792 im Salon des Maire Dietrich zum ersten Mal die ›Marseillaise‹ gesungen haben.

Place de la Cathédrale (D 6)

Vor der steil über der Fachwerkschlucht der Rue Mercière aufragenden Münsterfront und unter dem Schnitzreichtum der Maison Kammerzell hat jeder Straßburg-Besucher einmal gestanden. Hier trinkt man im Terrassencafé einen *petit noir,* stöbert in den Andenkenläden, versucht, den fliegenden Händlern mit ihren unvermeidlichen Lederhüten und den Schirm schwingenden Reiseleiterinnen zu entgehen. Um die Bogenfenster der Apotheke Pharmacie du Cerf an der Ecke zur Rue Mercière ranken sich reizende spätmittelalterliche Skulpturen.

Place Gutenberg (D 6)

Am von der Kathedrale aus gesehen anderen Ende der Rue Mercière steht das Denkmal des Buchdruck-Erfinders Johannes Gutenberg vor der Chambre de Commerce et d'Industrie (Industrie- und Handelskammer), einem stattlichen Renaissancebau mit vielteiliger Dachlandschaft. Ein buntes, klingendes Kinderkarussell dreht unermüdlich seine Runden.

Place Kléber (C 5)

Weitläufig, nüchtern-geschäftig, uneinheitlich, viel Beton, so präsentiert sich Straßburgs Alltagsherz. Über dem hässlichen FNAC-Betonblock und der neoklassizistischen Aubette (s. S. 85), über Hamburger-›Restaurants‹, Wochenmarkt und hin und her wuselnden Straßburgern wacht auf seinem Denkmalsockel der grimmig dreinschauende General Kléber, berühmter Sohn der Stadt in Napoleons Diensten.

Place du Marché Gayot (D 6)

Die Jugend, die sich in den Terrassencafés dieses 1769 geschaffenen kleinen Platzes im Rücken der Kathedrale und den Bars der angrenzenden schmalen Sträßchen Rue des Frères und Rue des Sœurs bis spät in die Nacht trifft, hat mit den frommen Brüdern und Schwestern, die den Straßen ihren Namen gaben, rein gar nichts gemein. Fachwerkbauten säumen diesen Hot Spot von Strass'Night (s. S. 62).

Place de la République (D 5)

Heute gibt sich der von wuchtigen wilhelminischen Repräsentationsbauten aus dem letzten Drittel des 19. Jh. umrundete einstige Kaiserplatz ganz republikanisch: Palais du Rhin (einst Kaiserpalast), Préfecture und Trésorerie des Departements Bas-Rhin (früher die Ministerien des ›Reichslandes Elsaß-Lothringen‹), Bibliothèque Nationale et Universitaire (auch früher die Universitäts- und Landesbibliothek) sowie Théâtre National de Strasbourg (früher Sitz des Landesausschusses von Elsass-Lothringen).

Im Zentrum des belebten Parks steht das Monument aux Morts, das Anti-Kriegs-Denkmal von 1936 für die Toten des Ersten Weltkriegs. Die Stufen unter der trauernden Mutter Elsass, die im Schoß einen im französischen und einen im deutschen Heeresdienst gefallenen Sohn hält, nutzen viele Studenten als Sonnenbank.

Place St-Etienne (D 5)

Der pittoreske kleine Platz erhält seinen Charme von den alten Fachwerkhäusern wie Nr. 11 und 12 aus dem 16. Jh. und dem Renaissancegebäude Nr. 17 mit Treppengiebel und zwei Erkern.

Pont du Corbeau (D 6)

An der Rabenbrücke, ehemals Schinderbrücke, wurden einst Kindsmörderinnen ertränkt. Sie bildet die Verbindung zwischen Krutenau und Kathe-

UNIVERSITAIRE

dralviertel. In dem langen, in den 1950er Jahren nicht besonders glücklich wieder aufgebauten ehemaligen Zollgebäude, der Ancienne Douane, finden Wechselausstellungen statt, und auf der Terrasse der gleichnamigen Bierstub sitzt man über der Ill.

Ponts Couverts (C 6)

Petite France

Die ›Gedeckten Brücken‹ mit den vier quadratischen Wehrtürmen stammen aus dem 13./14. Jh. Der Name erinnert daran, dass sie im Mittelalter durch hölzerne Dächer überdeckt waren. Das Ensemble, eins der malerischsten der Stadt, sicherte die vier Ill-Arme, diente aber auch zum Betrieb der auf die Pfeiler gebauten Mühlen. Den besten Blick hat man von der Panoramaterrasse des Barrage Vauban (s. S. 85).

Rue des Frères (D5/6)

Die atmosphärereiche kleine Straße wirkt studentisch-alternativ. Hier findet man Läden mit Flair wie den Edelstein- und Mineralienladen ›Amethyste‹, Antiquitäten, Comics, Rollenspiele, Biere u. v. m.

Rue des Grandes Arcades (C 5/D 6)

Von Geschäften, meist aus dem Bekleidungssektor, gesäumt, führt die immer volle Straße, der Laubengänge auf einem kleinen Teil ihren Charme verleihen, als Verlängerung der Rue du Vieux Marché aux Poissons zur Place Kléber. In dem Jugendstilhaus Nr. 33 kurz vor dem Platz brutzeln heute MacDonald-Klopse.

Ein Rückzugsbiotop der Straßburger, wenn es in der touristischen Altstadt zu voll wird: Place de la République

Rue des Tonneliers (D 6)

Die schmale ›Böttchergasse‹ im Rücken der Place Gutenberg mit ihren Fachwerkhäusern und Restaurants gehört zum touristischen Urgestein Straßburgs. Zusammen mit den angrenzenden Straßen Rue des Serruriers, Rue de l'Epine, Rue de l'Ecurie und Rue de l'Ail weist sie noch viele historische Häuser und einige der früher so charakteristischen Hauszeichen auf (der Frosch in 6, rue de l'Epine, oder die Taube in 23, rue des Tonneliers) – ein nettes Viertel, in dem man sich fast in die Handwerkerstadt der Renaissance zurückversetzt fühlt.

Rue du Vieux Marché aux Poissons (D 6)

Die breite ›Alte Fischmarktstraße‹, heute von den sündhaft teuren Boutiquen der großen Couturiers geadelt, folgt dem einstigen Verlauf der Straße vor dem römischen Lager Argentorate. Plaketten erinnern daran, dass Goethe während seines Studiums im Haus Nr. 36 logierte und Jean Hans Arp in Nr. 52 hinter dem Renaissanceerker zur Welt kam.

Rue du 22 Novembre/Rue des Francs Bourgeois (C 6)

Kaufhäuser, Kinos, Buchhandlungen und generell größere Läden säumen diese breiten, modernen Geschäftsstraßen ohne sonderlichen Flair. Der 22. November ist das Datum der Befreiung Straßburgs durch französische Truppen 1918.

St-Pierre-le-Jeune protestant (C 5)

Place St-Pierre-le-Jeune

Sonntag vor Ostern–1.Nov. Mo 13–18, Di–Sa 10.30–18, So 14.30–18 Uhr, sonst anmelden unter Tel. 03 88 32 41 61

Größtenteils 1250–1320 erbaut, besitzt diese gotische Kirche mit schönem Figurenportal (dem ›Erwinsportal‹), im Untergeschoss eine Gruft, die womöglich noch aus dem 6. Jh. stammt. Spätgotische Wandmalereien, ein Lettner, ein seltener Lebenspfad aus in Blei gegossenen und in Stein gemeißelten Linien auf dem Boden sowie ein reizender beschaulicher Kreuzgang machen St-Pierre zu einem lohnenden Besuchsziel.

St-Thomas (C 6)

Rue Martin Luther
www.saint-thomas-strasbourg.org
April–Okt. tgl. 10–18, Nov./Dez., März tgl. 10–17 Uhr, Jan. geschl., Feb. tgl. 14–17 Uhr
Fotogen ragt das aus rötlichem Vogesensandstein gemauerte romanische Westwerk wie ein Tor zur Petite France auf. Die übrigen Partien der gotischen Hallenkirche – ein wahres Museum der Grabmalkunst – entstanden 1270 bis 1330: Ins Auge fallen das pathetische barocke Grabdenkmal des Marschalls Moritz von Sachsen, das den ganzen Chor einnimmt, sowie der Adeloch-Sarkophag mit romanischen Reliefs.

Synagogue de la Paix (E 4)

Av. de la Paix
Der Architekt Claude Meyer-Lévy schuf den mächtigen, symbolträchtigen Bau 1958. Die geschwungene Fassade zeigt den Davidsstern, zwölf Säulen stehen für die Stämme Israels. Die Synagoge ist nur von außen zu besichtigen.

Théâtre Municipal (D 5)

Die massige Säulenfront des städtischen Theaters setzt den beherrschenden Akzent am Kopfende der Place de Broglie. Zu Beginn des 19. Jh. errichtet, wurde die Oper von den wilhelminischen Machthabern um die Rotunde zur Ill hin erweitert. Der Entwurf des januskköpfigen Denkmals mit dem abgebrochenen Aquädukt hinter dem Gebäude stammt von Tomi Ungerer; es symbolisiert die zweifachen Wurzeln der elsässischen Identität.

Universität (E 5)

Place de l'Université
Tram C – Gallia
1879–84 vom Berliner Architekten Otto Warth errichtet, gilt das Palais Universitaire mit seiner 125 m breiten Schaufront, stilistisch an die Palladio-Villa von Vicenza angelehnt, als gelungenste Schöpfung der wilhelminischen Architektur in Straßburg. Seit 1621 gibt es die Straßburger Uni, an der so bedeutende Männer wie Conrad Röntgen, Louis Pasteur und Marc Bloch lehrten. Ihr berühmtester Student war Goethe, der als verdenkmalter junger Mann vor der Uni steht.

Museen

Cabinet des Estampes et Dessins (D 6)

5, pl. du Château
Eintritt frei nach Voranmeldung, Tel. 03 88 52 50 00
Nur wenige der ca. 100 000 Zeichnungen, Holzschnitte und Kupferstiche sind ausgestellt. Mehr ein Arbeitsfeld für Kunsthistoriker als ein Publikumsmuseum.

Centre d'art du CEAAC (E 6)

7, rue de l'Abreuvoir
Mi–So 14-18, Do bis 20 Uhr
Tram C, Haltestelle Universités
Tel. 03 88 25 69 70
www.ceaac.org
Kein Museum im engeren Sinn, aber der

beste Ort, um zeitgenössische elsässische Künstler durch Ausstellungen kennen zu lernen. Das CEAAC (Centre Européen d'Actions Artistiques Contemporaines) fördert junge Künstler und verleiht einen Preis. Der Ausstellungsort selbst, eine vom Architekten Eric Gauthier umgestaltete Glas- und Porzellanfabrik von 1902, erhielt 1997 den rheinischen Architekturpreis.

Musée Alsacien (D 6)

23, quai St-Nicolas
Mo, Mi–Fr 12–18, Sa/So 10–18 Uhr
Eintritt 4 €
In drei historischen Häusern am Ill-Ufer lernt man die größte Sammlung elsässischer Volkskunst in der Region kennen: Hausrat, Trachten, Devotionalien, Spielzeug, Goettelbriefe (handgemalte und -geschriebene Glückwünsche der Taufpaten für ein Neugeborenes) und eine sehenswerte Abteilung zum Leben der jüdischen Elsässer.

Musée Archéologique (D 6)

2, pl. du Château (im Palais Rohan)
Mo, Mi–Fr 12–18, Sa/So 10–18 Uhr
Eintritt 4 bzw. 8 € für alle drei Museen des Palais Rohan
Das in der Region von allen Archäologiemuseen am reichsten bestückte zeigt prähistorische, römische und merowingische Funde aus dem Elsass: Rekonstruktionen von Gräbern, Götterstelen, z. B. vom Donon-Heiligtum, die eigenartigen Hausgrabsteine der Kultur der Vogesensiedlungen, römisches Glas, Terra Sigillata-Tongeschirr, einen merowingischen Helm u. v. m.

Öffnungszeiten der Museen

Generelle Öffnungszeiten: Mi–Mo 10–18 Uhr. Kostenloser Eintritt jeden 1. So des Monats, für Kinder bis 18 Jahre und Kunst- und Kunstgeschichtsstudenten. Museumspässe s. S. 14. Im Internet: www.musees-strasbourg.org.

Highlight 10

Musée d'Art Moderne et Contemporain (B 6)

1, pl. Hans Jean Arp,
Di/Mi, Fr–So 12–19, Do 12–21 Uhr,
Tram C, Haltestelle Musée d'Art Moderne, Café/Restaurant s. S. 52
Eintritt 5 €
Das Museum der modernen und zeitgenössischen Kunst ist wohl eins der ehrgeizigsten Projekte der letzten Jahre in Frankreich, ein lichter Bau des berühmten Architekten Adrien Fainsilber. Die didaktisch überzeugend präsentierten Sammlungen beginnen mit der akademischen Malerei der Elsässer Jean-Jacques Henner und Gustave Doré und enden bei Georg Baselitz und Sarkis. Kaum ein großer Name fehlt: Monet, Max Ernst, Kandinsky, Picasso ... Dazu kommt eine bedeutende Arp-Abteilung mit den erstmalig öffentlich ausgestellten Modellen Arps und seiner Frau für die Aubette, ein Meilenstein der abstrakten Kunst.

Musée des Arts Décoratifs (D 6)

2, pl. du Château (im Palais Rohan)
Mo, Mi–Fr 12–18, Sa/So 10–18 Uhr
Eintritt 4 bzw. 8 € für alle drei Museen des Palais Rohan
Das Kunstgewerbemuseum umfasst zwei Abteilungen: die Staatsgemächer (Grands Appartements) der Rohan-Bischöfe, ausgestattet mit allem barocken

Pomp, sowie das eigentliche Kunstgewerbemuseum mit Schwerpunkt 18. Jh.: Möbel, Goldschmiedeerzeugnisse, Zinn, Tafelsilber und Hannong-Porzellan aus den Werkstätten Straßburger Meister.

Musée des Beaux-Arts (D 6)

2, pl. du Château (im Palais Rohan)
Mo, Mi–Fr 12–18, Sa/So 10–18 Uhr
Eintritt 4 bzw. 8 € für alle drei Museen des Palais Rohan
Im Museum der Schönen Künste werden Meisterwerke der europäischen Malerei vom 14. bis zum 19. Jh. gezeigt: Giotto, Goya, Caravaggio, Rubens, van Dyck – alles, was Rang und Namen hat, ist versammelt. Besonders schön die Stilllebensammlung mit alten holländischen Meistern. Die ›Schöne Straßburgerin‹ von Nicolas de Largillière (1703), eins der Renommierstücke des Gemäldemuseums, gilt als die ›elsässische Mona Lisa‹.

Musée Historique (D 6)

3, pl. de la Grande Boucherie
Di–Fr 12–18, Sa/So 10–18 Uhr
Eintritt Erw. 4, Kind 2 €
Was lange währt, wurde endlich gut: Das Museum zur Stadtgeschichte öffnete seine Pforten mit einer zeitgemäßen Ausstellung. Ansprechend präsentierte Exponate – darunter viele Kanonen und sonstige Waffen, die Straßburgs Vergangenheit als Garnisonsstadt illustrieren –, lassen die Zeit vom Mittelalter bis zur Französischen Revolution lebendig werden. (Die Räume bis zur heutigen Zeit waren 2007 noch nicht fertig.) Ein zentrales Exponat ist das 11 mal 7 m große Modell des befestigten Straßburg von 1727. Einige Holzpfähle erinnern an den Grund der langen Renovierung: Straßburg ist aus zahllosen Pfählen im sumpfigen Untergrund errichtet, eine Tatsache, die die Wiedereröffnung immer wieder verzögerte.

Musée de l'Œuvre Notre-Dame (D 6)

3, pl. du Château
Di–Fr 12–18, Sa/So 10–18 Uhr
Eintritt 4 €
Das einzigartige Museum, hervorgegangen aus der Dombauhütte, ist in einem spätmittelalterlichen und einem Renaissancehaus neben dem Münster untergebracht. Es zeigt in chronologischer Reihenfolge hochrangige Werke der oberrheinischen Kunst vom 11. bis zum 17. Jh., darunter der ›Christus von Weißenburg‹, das älteste elsässische Glasbild, die romanischen Kapitelle des Kreuzgangs von Eschau, die Originale der Münsterskulpturen, spätgotische Plastiken von Konrad Witz und Nikolaus von Leyden sowie die rätselhaft-schlichten Stillleben des Straßburger Malers Sebastian Stoskopff aus dem 17. Jh.

11

Highlight

Musée Tomi Ungerer/Centre d'Illustration (D 5)

2, av. de la Marseillaise
Mi–Mo 12–18 Uhr, vormittags Gruppen
Eintritt Erw. 4 €, Kinder 2 €
Endlich, Ende 2007, hat einer der bedeutendsten zeitgenössischen Zeichenkünstler, 1931 in Straßburg geboren, sein Museum bekommen. Die 1885–87 erbaute neoklassizistische Villa Greiner bietet von innen eine strahlend weiße Projektionsfläche, geschaffen vom Architekturbüro Emmanuel Combarel. Aus konservatorischen Gründen wechselt die Auswahl aus den 8000 Origi-

nalen, die der bekennende Elsässer Ungerer seiner Heimatstadt vermacht hat, alle vier Monate.

Im Erdgeschoss sind ein Film, Beispiele aus Ungerers Spielzeugsammlung, die Entwürfe für seine Kinderbücher und die danach geschaffenen Zeichentrickfiguren zu sehen. Der 1. Stock beherbergt die Werbegrafik und gesellschaftskritische Zeichnungen, hauptsächlich aus seiner New Yorker Zeit (1956–71). Der *rez-de-jardin* ist strikt für Erwachsene. Ungerers erotische Werke (›Fornikon‹, ›Totempole‹, ›Grenouillades‹) reichen von drallen Elsässer Mädeln bis zu verstörenden Motiven in der Tradition des spätmittelalterlichen Totentanzes.

Musée Zoologique (F 5)

29, bd. de la Victoire
Mo, Mi–Fr 12–18, Sa/So 10–18 Uhr
Tram C, Haltestelle Universités
Eintritt 3 €

Kunst vom Feinsten: das Musée de l'Œuvre Notre-Dame

Ein sympathisch angestaubtes Museum mit vielen ausgestopften Tieren. Eine Rarität ist das älteste bekannte Exemplar des ausgestorbenen Riesenalks von 1776 und ein ›eingelegter‹ Quastenflosser. Für Kinder wird viel getan: Es gibt eine Bibliothek, einen ›Entdeckungssaal‹ und Kurse, die den Kleinen Umwelt und Tiere in praktischer Anschauung näher bringen (s. Tour 3, S.112).

Naviscope (H 6)

Bassin des Remparts, 18, rue du Général Picquart
Tel. 03 88 60 22 23
Di, Mi, Sa, So 14.30–17.30 Uhr sowie nach Voranmeldung
Tram C, Haltestelle Observatoire, dann Bus Nr. 2, Haltestelle Pont d'Anvers
Eintritt Erwachsene 4 €, Kinder 2,50 €
Das zum Museum umgebaute ehemalige Schubboot ›Straßburg‹ ist vom Maschinenraum bis zur Steuermannskabine zu besichtigen, dazu Modelle von Schleusen, Schiffen und dem Straßburger Hafen im Jahr 1936, Aquarium und Kinderveranstaltungen wie Karneval.

Planétarium (F 5)

Rue de l'Observatoire/Universität
http://planetarium.u-strasbg.fr/
Tram C, Haltestelle Observatoire
Während der Schulzeit Mo, Mi, Do, Fr Planetarium 9–12, 14–17, Vorführungen 9.15, 10.30, 14.15, 15.30, Mi, So 14–18 Uhr. Während der Schulferien Mo–Fr 10–12.15, 13.30–16.30, Vorführungen 10.45, 14 Uhr, So 13.30–16.30, Vorführung 14 Uhr. Am besten vorbestellen Tel. 03 90 24 24 50.
Tipp: Ein- bis zweimal monatlich bieten die Nocturnes ein besonderes Erlebnis, das Beobachten des Sternenhimmels bei Nacht. Ab 20 Uhr, vorbestellen.
Vorführung und Kuppel zusammen Erw. 7,50, Kind 4,20, jeweils einzeln Erw. 5,60, Kind 3,15 €.
Filmvorführungen, historische astronomische Geräte und die Besichtung der Großen Kuppel mit dem riesigen Refraktor-Fernrohr entführen Jung und Alt in die Geheimnisse des Weltalls (s. Tour 3 S. 112)

Le Vaisseau (F 7)

1 bis, rue Philippe Dollinger
www.levaisseau.com
Di–So 10–18 Uhr
Tram C, Haltestelle Winston Churchill
Eintritt Erw. 8, Kind 7 €
Eins von Europas größten, modernsten und besten Wissenschaftsmuseen lässt Kinder von 3 bis 15 Jahren auf interaktive Weise die Welt erkunden. Ein Außengelände mit Gärtnerhaus, Sinnespfad und Balanciergeräten, eine Cafeteria und ein Shop runden das Erlebnis ab (s. Tour 3, S. 113). Alle Beschriftungen auch in Deutsch.

Parks & Gärten

Jardin Botanique (F 5)

28, rue Goethe
Tram C, Haltestelle Observatoire
Sommer Mo–Fr 8–19.30, Sa/So 10–19.30, Frühling/Herbst bis 18, Winter Mo–Sa 8–12, 14–16, So 14–16 Uhr
Der 3,5 ha große Botanische Garten mit über 6000 verschiedenen Pflanzen bietet Spaziergänge rund um einen mit Fröschen besetzten Teich und durch Gewächshäuser mit tropischer Vegetation. Mac Adams an Blumen erinnernde Installation ›Meditation‹ wirft von Mai bis Juli ihren Schatten.

Parc de la Citadelle (F/G 7)

Rue de Boston und Quai des Belges/Stadtteil Esplanade

Tram C, Haltestelle Esplanade
Picknickende Familien, Kinder, die auf dem Spielplatz herumturnen, Hundebesitzer, flanierende Senioren und Jogger genießen vor der wenig anheimelnden Hochhauskulisse des Stadtviertels Esplanade (Spitzname Klein New York) die über 12 ha Park und Wassergräben um die ab 1681 von Vauban konzipierten Festungen, einen fünfzackigen Stern – tagsüber, denn nachts ist der Park ein Schwulentreff.

Parc des Contades (E 4)

Avenue de la Paix
Tram C, Haltestelle Parc du Contades
Majestätische alte Bäume und ein unspektakulärer, aber erholsamer Park grenzen an die Synagoge. Der gleichnamige Gouverneur des Elsass ließ ihn 1764 auf dem alten Schießfeld der Miliz anlegen.

Highlight 12

Parc de l'Orangerie (F/G 4)

Avenue de l'Europe
Bus Nr. 6, Haltestelle Orangerie
Straßburgs Renommierpark. Studenten, Eurobeamte, Opas mit ihren Enkeln – wer kann, fährt raus in Straßburgs größte Grünanlage, die mit Spielplatz, Minizoo, Storchengehege und Mietbötchen auf dem großen See mit Grotte und Wasserfall viel Action und Amusement bietet. Nukleus des weitläufigen englischen Parks ist der 1804 errichtete Orangerie-Pavillon, in dem Orangenbäumchen und später Kaiserin Josephine unterkamen. Farbenfrohe Blumenrabatte, mächtige alte Bäume, der emblematische Gänselieselbrunnen von 1899 und das bekannte Feinschmeckerrestaurant Buerehiesel (s. S. 49) vervollständigen das Angebot. Zudem ist der ganze Park gespickt mit moderner Kunst (s. Tour 4, S. 114).

Parc de Pourtalès (J/K 1)

Rue Mélanie/Vorort Robertsau
Tram C, Haltestelle Observatoire, dann Bus Nr. 15, Haltestelle Lamproie
Um das im Wesentlichen aus dem Zweiten Kaiserreich stammende Schloss von Pourtalès erstreckt sich ein weiter, naturbelassener Park. Wer hier joggt, das Grün für Ballspiele nutzt oder den Kinderwagen schiebt, kann sich auf die Suche nach spannenden modernen Kunstwerken begeben (s. Tour 4, S. 114).

Jardin des Deux Rives (J/K 7)

Der grenzüberschreitende ›Zwei-Ufer-Garten‹ wurde 2004 auf der französischen Rheininsel und einem schmalen Uferbereich im deutschen Kehl angelegt. Marc Mimrams zweisträngige Harfenbrücke für Fußgänger schwingt sich über den Rhein. Am lohnendsten ist das französische Ufer. Über die zentrale Wasserwand plätschert ein Wasservorhang, davor schießen Fontänen in die Höhe. Die runden Gärten haben je ein Thema: ein Labyrinth für Kinder mit Hase und Schildkröte, eine Dünenlandschaft mit hölzernen Eisenbahnschienen, Heilpflanzen u. v. m. Alle Beschriftungen sind zweisprachig, Spielgeräte und die Weite der Anlage machen den Uferpark zu einem lohnenden Ziel für den Familienausflug.

Anfahrt: Bus No. 2 vom Hauptbahnhof, Haltestelle Jardin des Deux Rives.

So freut man sich auf den neuen Wein – die Weinstraße im Herbst

Haut-Kœnigsbourg

Die Hoch-Königsburg ist wohl die bekannteste, auf alle Fälle die größte und kompletteste Burganlage des Elsass. Von dem Halbtagesausflug werden auch Kinder begeistert sein.

Von vielen als Mittelalter-Disneyland geschmäht, ist die Hochkönigsburg doch neben der Hohlandsbourg die einzige nicht in Ruinen liegende Burg des Elsass, ab 1901 wieder aufgebaut von dem jungen Berliner Architekten Bodo Ebhardt für den deutschen Kaiser Wilhelm II. Dabei hat Ebhardt, wie man heute allgemein meint, seine Sache gar nicht mal schlecht gemacht und die spätmittelalterliche Burg mit Torbau, Donjon, gedeckten Wehrgängen, Bastionen, Burgkapelle, Waffen- und Festsaal sowie Wohngemächern recht originalgetreu wiedererstehen lassen.

An manchen Sommerabenden kann man zu Kammermusik durch die mit Möbeln aus Spätmittelalter und Renaissance eingerichteten Gemächer schlendern und sich in die Zeiten der Minnesänger und schönen Burgfräulein zurückträumen. Im Burgrestaurant werden von Mai bis September mittelalterliche Bankette abgehalten, und allerlei Veranstaltungen wie eine Kinonacht und ganze Ritterkompanien, die hier lagern und Mittelalter spielen, beleben die 270 m lange Anlage, die wie ein gigantisches Schiff auf dem 755 m hohen Vogesengipfel thront.

Öffnungszeiten: Jan./Febr., Nov./Dez. 9.45–12, 13–17, März, Okt. 9.45–17, April/Mai Sept. 9.30–17.30, Juni–Aug. 9.30–18.30 Uhr, www.haut-koenigsbourg.fr.

Bus: Keine direkte Busverbindung; mit der Bahn nach Sélestat, von dort mit dem Bus weiter. Mit dem Auto knapp 50 km in südliche Richtung.

An der Weinstraße

Die berühmte elsässische **Route du Vin,** die durch zahlreiche pittoreske Weinorte am Fuße der Vogesen durch die schier unendlichen Weinberge verläuft, liegt vor Straßburgs Tür. Der Abschnitt von Obernai nach Ottrott gehört zu den weniger überlaufenen Zielen an der Route du Vin und vermittelt doch einen guten Einblick in Architektur, Landschaft und kulinarische Szene.

Der **Tagesausflug** ist ca. 80 km lang. **Bus Nr. 210** von Place des Halles fährt über Obernai und Bœrsch nach Ottrott.

Obernai

Nach Obernai, einem reizenden Städtchen (ca. 10 000 Einwohner) hinter mittelalterlichen Stadtmauern, sind es nur 25 km Richtung Südwesten. Aus dem Spätmittelalter stammt der fast 60 m hohe Kapellturm, aus der Renaissance sind das Rathaus, der **Puits à Six Seaux** (Sechseimerbrunnen), der als der schönste des Elsass gilt, sowie die **Cour Fastinger,** mit Blumen überwucherte Holzgalerien und Schnitzereien um einen verwunschenen Innenhof.

Trinken Sie einen Kaffee in einem der vielen Straßencafés oder machen Sie eine *dégustation,* vielleicht beim **Winzer Jean-Paul Seilly,** der in einem Haus aus dem 17. Jh. im Gewölbekeller zwischen Eichenfässern seine Rot- und Weißweine verkosten lässt. Oder besuchen Sie eine der originellsten Winstubs der Region, das **L'Agneau d'Or,** wo man zwischen den Elsässer Impressionen des Karikaturisten Charlie Barat ausgezeichnet essen kann.

Office du Tourisme: PLZ 67210, Place du Beffroi, Tel. 03 88 95 64 13, Fax 03 88 49 90 84, www.obernai.fr, Mo-Sa 9–12, 14–17, Saison länger und auch So.

L'Agneau d'Or: 99, rue du Général Gouraud, Tel. 03 88 95 28 22, Mo, Di geschl., Menüs 19 und 35 €.

Domaine Seilly: 18, rue Général Gouraud, Tel. 03 88 95 55 80, www.seilly.com.

Bœrsch

Bœrsch besitzt, was man von einem elsässischen Bilderbuchörtchen so erwartet: drei spätmittelalterliche Stadttore, einen kleinen Marktplatz, einen Sechseimerbrunnen und ein Renaissance-Rathaus.

Rosheim

Das Städtchen Rosheim (ca. 4000 Einwohner) liegt zwar auch an der Wein-

Restaurant Schadt in Blaesheim

Das Restaurant erfreut sich gleich großer Beliebtheit bei Europarlamentariern, Künstlern und Touristen. Einst kamen sich Gerhard Schröder und Jacques Chirac unter dem riesigen Deckengemälde näher. Berühmt sind die Sauerkrautgerichte mit Fasan oder Zander und die Gänsestopfleber im Briocheteig. Herr Schadt serviert aber auch abwechslungsreiche Salate und so Ausgetüfteltes wie *crème brulée* aus Wollblumen.

Bilder von Schadts Künstlerfreunden Tomi Ungerer und Raymond Waydelich zieren den Speisesaal. Im ›Hexensaal‹ im 1. Stock entdeckt, wer den für Kommunionsfeiern etc. bestimmten Vorhang zurückzieht, Tomi Ungerers erotische Burlesken um Hexer und das menschliche Gesäß.

Danach kann man durch das mit vielen Fachwerkhöfen geschmückte Blaesheim flanieren, ein typisches Beispiel für die stillen, unspektakulären Ebenendörfer in der Straßburger Umgebung. Drumherum dehnen sich die Kohlfelder, denn Blaesheim liegt an der Sauerkrautstraße. Einer ihrer Initiatoren war? Richtig, Philippe Schadt.
8, pl. de l'Eglise, Tel. 03 88 68 86 00, Di–Sa 12–14, 19–21, So 12-14 Uhr, Menüs 38–58 € inkl. Wein. Anfahrt: Bus Nr. 210 von Centre Halles.

straße und weist mit vier Stadttoren und dem Brunnen vor dem Rathaus auch sehenswerte Bauwerke aus der Blütezeit der elsässischen Weinorte auf, hat sich aber einen angenehm ungeleckten Charme bewahrt, ohne touristisch überlaufen zu sein.

Doch nach Rosheim kommt man eigentlich wegen der **Kirche St-Pierre-et-St-Paul,** die mit Recht als die schönste des an romanischen Dorfkirchen wahrlich nicht armen Elsass gilt (tgl. 9–19 Uhr). Unter dem Schutz der Staufer 1145–65 errichtet, besticht sie durch reichen plastischen Schmuck:

Da entdeckt man die Reliefs der vier Evangelisten an der Apsis, an den Eckpunkten des Fassadendachs Löwen, die bemitleidenswerte Menschenwesen fressen, oder auf dem Pultdach am Vierungsturm einen hockenden Mann mit einem Gegenstand, der oft als Geldsack gedeutet wurde – dann wäre die Gestalt ein jüdischer Geldwechsler und ein weiterer Beweis für den historischen Antisemitismus der Kirche.

Seit dem 14. Jh. bestattete die jüdische Gemeinde von **Rosenwiller** ihre Toten auf diesem idyllisch-elegischen Friedhof. In einem stillen Wiesental am Waldsaum liegen die geraden Reihen von Stelen, zerbrochenen Säulen und Grabsteinen. Aufgrund der Pogrome während der Französischen Revolution sind keine Grabsteine mehr aus der Zeit vor 1792 erhalten.

Office du Tourisme: PLZ 67560, 84, rue du Général de Gaulle, Tel. 03 88 50 75 38, Fax 03 88 50 45 49, www.rosheim.com, Saison Mo–Sa 9–12, 14, Sa 15–18, So 9–12 Uhr, sonst nur Mo–Fr.

Die Haut-Kœnigsbourg – Mittelalter zum Anfassen

Ottrott

Das unspektakuläre Ottrott, eingebettet in Weinberge und naturbelassene Streuobst- und Wildorchideenwiesen, ist ein Ort zum Wohlfühlen und Schlemmen – und Heimat des Rouge d'Ottrott: Das ist ein fruchtig-leichter Roter, der fast schon ein Rosé ist. Man kostet den Pinot Noir – die Winzer wohnen fast alle im Unterdorf, während im Oberdorf die Hotel-Restaurants liegen – bei **Marie-Hélène Schoettel** in ihrem Hof (1, rue du Stade), oder bei **Jean-Charles Vonville** (Place des Tilleuls), der ihn in Eichenfässern ausbaut. Natürlich bieten beide auch Weiße wie Riesling und Pinot Blanc an.

Ein mit rot-weiß-rotem Balken markierter Wanderpfad führt in 30 Min. vom Oberdorf hinauf zu zwei der besterhaltenen Höhenburgen des Elsass, den **Châteaux d'Ottrott.** Die Burgen Rathsamhausen und Lutzelburg wurden im 13. Jh. errichtet, die Letztere in nur 50 m Entfernung zur Belagerung der staufischen Burg Rathsamhausen. Beide sind nur von außen zu besichtigen, doch vom Wanderweg hat man einen ziemlich guten Blick auf sie.

Wer mit Kindern reist, wird um **Les Naïades** nicht herumkommen (30, route de Klingenthal, Feb.–Sept. tgl. 10–18.30, Okt.–Jan. tgl. 14–18.30 Uhr, www.parc-les-naiades.com). In Aquarien wird die phantastische Reise eines Wassertropfens illustriert. Farbenprächtige Fische, Haie, Schildkröten, Piranhas, ein Korallenriff und draußen frei laufende Bauernhoftiere sind die Attraktionen.

Danach kann man sich die ausgeklügelten elsässischen Feinschmeckergerichte im **›Ami Fritz‹,** einer der bekanntesten Winstubs der Region, auf der Zunge zergehen lassen: Sauerkraut, Gänsestopfleber, Erdbeergratin. Oder

einfach auf der charmanten Terrasse unter Platanen einen offenen Wein *(en pichet)* genießen.

Syndicat d'Initiative: PLZ 67530, 46, rue Principale, Tel./Fax 03 88 95 83 84, www.ottrott.com, Mai–Okt., Dez. Mo, Di, Do-Sa 13.30–18.30, Jan. bis April./Nov. Mo, Do, Fr, Sa 15.30–18 Uhr.

L'Ami Fritz: 8, rue des Châteaux, Tel. 03 88 95 80 81, Fax 03 88 95 84 85, www.amifritz.com, Mi geschl., Hauptgericht ca. 25 €, DZ 73–145 €

Mont Ste-Odile

Das Kloster auf dem Odilienberg ist das elsässische ›Nationalkloster‹, das älteste der Region. Die wald- und burgenreiche Umgebung bietet die wohl beste Möglichkeit, im Rahmen eines Tagesausflugs von Straßburg zu wandern.

Das Kloster

Die Gründung der hl. Odilie auf einem waldbestandenen Gipfel der Vogesen zieht Touristen, der schönen Aussicht wegen, und Pilger, der sterblichen Überreste der elsässischen ›Nationalheiligen‹ wegen, an. Von der im Sommer sehr vollen Plattform unterhalb der neoromanischen Riesenstatue der Heiligen schweift der Blick weit über Vogesen, Weinberge, Ebene und bis nach Straßburg.

Herzog Eticho hatte hier an seinem Herrschaftssitz 670 das von seiner Tochter geleitete Frauenkloster gegründet. Es erlebte seine zweite Blüte im staufischen 12. Jh., geführt von der Äbtissin Herrad von Landsberg. Die Klostergebäude selbst stammen größtenteils aus neuerer Zeit, aber die Kreuzkapelle mit dem karolingischen Sarkophag Herzog Etichos, die Johanneskapelle mit dem merowingischen Sarkophag Odilies sowie der Kreuzgang stammen noch aus der Zeit der Äbtissin Herrad (tgl. 8–21 Uhr, 9.–22. Jan., 9. Nov.–2. Dez. geschl.; Wallfahrten 1. So im Juli, 15. Aug., 13. Dez., www.mont-sainte-odile.fr).

Das Kloster auf Mont St-Odile

Wanderungen

Schnüren Sie die Trekking Boots, und schon sind Sie (relativ) allein: Auf gelbem Andreaskreuz vom Parkplatz unterhalb des Klosters führen zwei Rundwege von je etwa 2,5 Std. an der **Heidenmauer** (Mur Païen) entlang, einem 10 km langen Wall aus riesigen Steinblöcken um den Gipfel herum. Die Forschung rätselt noch, ob es eine keltische Fluchtburg des 4. Jh. v. Chr. oder die Eingrenzung eines Heiligtums war.

Die **Burgruine Landsberg,** 1198 errichtet, hat einen hübschen Kapellenerker. Man erreicht sie nach 15 Min. Wanderung vom ausgeschilderten Parkplatz an der D 109. Zur gut erhaltenen **Burg Birkenfels** kommt man nach 35 Min. Fußmarsch auf blauem Kreuz vom Parkplatz an der N 426; dort gibt es auch merowingische Gräber und bedeutende Teile der Heidenmauer.

Bus Nr. 210 von Place des Halles nach Mont Ste-Odile, Nov. bis Ostersonntag nur bis Klingenthal am Fuß des Odilienbergs. Ca. 40 km südwestlich von Straßburg.

Restaurant/Café im Klosterkomplex, Tel. 03 88 95 80 53

Extra-

Fünf Touren in Straßburg

1. Knacks, Gänseleber und Weinprobe – ein Schlemmer-Spaziergang in der Innenstadt
2. Krutenau – Straßburgs Rive Droite: Von der Place du Corbeau durch Straßburgs Studenten- und Kneipenviertel

Alle Touren sind auf dem großen Faltplan eingezeichnet

Touren

Tour 1

Elsässischer Wein, ein beliebtes Mitbringsel

Knacks, Gänseleber und Weinprobe

Ein Schlemmer-Spaziergang

Diese Tour lädt zu einem Schlemmer-Spaziergang durch die elsässische Metropole ein, aber Vorsicht: Wenn Sie sämtliche der vorgeschlagenen Gourmet-Stopps schaffen, sind Sie hinterher ziemlich vollgestopft. Wenn Sie Einkaufen möchten, brauchen Sie unbedingt eine Kühltasche für das Auto.

Frühstück

Das elsässische Frühstück, in den Hotels immer häufiger als Buffet serviert, ist reichhaltig und nahrhaft. Süße Briochebrötchen und Croissants, die verschiedensten Brötchen- und Brotsorten und der fürs Elsass so emblematische Kougelhopf bilden die Unterlage für Käse, Wurst, Marmeladen oder Eier in allen Variationen. Auch in der Brasserie Kirn, im 1. Stock in der Rue du 22 Novembre, kann man solch ein *petit déjeuner* einnehmen (Di–Do ab 8, Fr, Sa ab 7.30 Uhr).

Schlaraffenland der Feinkost

Und man muss praktischerweise nur einen Stock tiefer, um ins Schlaraffenland der elsässischen Feinkost zu gelangen, zum Traiteur Kirn (s. S. 58). Wie in einem Museum der Fleisch- und Wurstwaren zieht man an den Auslagen vorbei, das Wasser läuft im Mund zusammen beim Anblick von rosigen Knacks und weinroten Landjägern, cremiger Foie gras en bloc und glänzendem Räucherlachs, deftigen Pasteten in Blätterteig und saftigen Choucroute-Bergen, die man zu Hause nur warm machen muss.

Wochenmärkte

Nun können Sie einen Bummel über einen der verschiedenen Straßburger Wochenmärkte machen (Auswahl je nach Wochentag, s. S. 60). Dienstags oder samstags zum Beispiel zum **Marché du Boulevard de la Marne.** Bis etwa 13 Uhr findet man dort Gemüse, Obst, Blumen, Käse, frische Pasta, Wurst, Fleisch, Fisch und Geflügel in überwältigender Auswahl. *Munster fermier,* auf dem Bauernhof produzierter Rohmilchweichkäse, und Bio-Obstsäfte verkauft der Stand der Ferme de Truttenhausen, hausgemachte Würste, Ziegenkäse und Quark *(fromage blanc)* der Cabri-Stand.

Lunchen oder Picknicken?

Dazu ein elsässisches Brot – was braucht man mehr für ein Mittags-Picknick im Botanischen Garten oder am Ill-Ufer? Natürlich regnet es auch in Straßburg ab und zu. Dann findet man gastlichen Unterschlupf in der volkstümlich-rustikalen **Winstub Pfifferbrieder** an der Place du Marché aux Cochons de Lait (s. S. 43) – gargantueske Tafelfreuden zwischen den Würsten eines ›Choucroute royal‹ und einem mürben Eisbein sind garantiert.

Gänseleber

Am Nachmittag wird es dann feiner. In den jüdischen Haushalten Osteuropas stand ›Gänsestopfleber‹ bereits seit dem 17. Jh. auf der Speisekarte. Aber erst Jean-Pierre Clause, der lothringische Leibkoch des Marschall des Contades mit Straßburger Ehefrau, erfand die weltberühmte *pâté de foie gras de Strasbourg,* der Nicolas Doyen, ein weiterer Küchentüftler, um 1790 die Périgord-Trüffel hinzufügte. Edouard Artzner steckte die Gänseleberpastete 1844 als Erster zur Haltbarmachung in eine Terrine, sodass sie ihren Siegeszug um die Welt antreten konnte. In der **Boutique Edouard Artzner** in Nr. 7, rue de la Mésange (s. S. 58), einem lichten, großzügigen Verkaufsraum, bekommt man den edlen Stoff – vielleicht den besten im Elsass –, dazu feine Weine und Traiteur-Delikatessen.

Süßes

Nach dem Salzigen das Süße: Bei **Christian** (s. S. 53) in der Rue de l'Outre oder in der Rue Mercière findet man Erdbeertörtchen oder Schokokreationen, die zum Essen fast zu schade sind. Die Rue de l'Outre und Umgebung ist übrigens ein ergiebiges Pflaster für weiteres Gourmet-Shoppen.

Kultureller Zwischenstopp: Gemalte Kulinaria

Wer nach so viel Vergänglichem Hunger nach dem Bleibenden, nach geistigen Genüssen verspürt, findet im **Musée des Beaux-Arts im Palais Rohan** (s. S. 96) eine ausgezeichnete Sammlung von holländischen Stillleben aus dem 17. Jh.: Die Brote, Austern und Pasteten der Meister Pieter Claesz und Willem Claesz Heda sind perfekte künstlerische Illusion, ›Überfluss und schöner Schein‹. Und die goldenen Weine in den hauchzarten Römergläsern machen Durst.

Weinprobe

Durst auf eine stilechte Weinprobe in der **Cave historique des Hospices de Strasbourg** (s. S. 83)? Im spätmittelalterlichen Kellergewölbe, zwischen mächtigen Säulen und uralten Eichenweinfässern, verkostet und kauft man Riesling, Gewürztraminer und Tokay Pinot Gris aus dem Elsass sowie edle Tropfen aus anderen französischen Regionen.

Abendessen

Dinieren? Sie haben die Qual der Wahl. Vielleicht möchten Sie nur einen Salat oder ein einfaches Tellergericht im gemütlichen **Thomas Stuebel** (s. S. 44) zu sich nehmen. Oder doch das große kulinarische Programm, zum Beispiel im Sterne-Tempel Au Crocodile (s. S. 49)? Alternativ kann man an der Ill entlangjoggen und in einen gesunden Apfel beißen.

Tour-Info

Dauer: ein Tag.
Länge: 8 km, wenn man alle Strecken zu Fuß zurücklegt.
Tram: Den halbstündigen Weg von der Place Kléber zum Marché du Boulevard de Marne kann man mit der Tram C abkürzen, Haltestelle Observatoire.
Beste Zeit: Di und Sa morgens, wenn der Marché du Boulevard de la Marne stattfindet.

Treffpunkt der kleinen Leute – Place des Orphelins in der Krutenau

Tour 2

Krutenau

Straßburgs Rive Droite

In der Krutenau und dem angrenzenden Finkwiller auf dem rechten Ill-Ufer wohnten seit dem 15. Jh. Gemüsebauern und Flussschiffer, seit dem 18. Jh. die Soldaten der Garnison und seit dem 19. Jh. die Arbeiter der dort ansässigen Manufakturen. Ein Kleine-Leute-Viertel ist die frühere ›Kraut-Aue‹ im Großen und Ganzen bis zum heutigen Tag geblieben. Auch wenn einige Mietblocks luxussaniert wurden und Krutenau-Adressen bei den Yetties und Yuppis in Mode kamen, auch wenn hier und da schicke, teure Läden eingezogen sind: Vor allem notorisch klamme Menschen wie Kunststudenten und Künstler (Sarkis zum Beispiel hat hier gewohnt und seine damalige Bude zum Gegenstand einer Installation gemacht), die Studenten der nahen Uni, Kleinbürger und Einwanderer bestimmen den Charakter des Viertels.

Und natürlich die vielen Kneipen und preiswerten Restaurants, von denen einige das Ziel dieser Tour sind. Trotzdem sollte man kein elsässisches Quartier Latin erwarten. In der Krutenau gibt es kein richtiges Zentrum, alles ist angenehm verstreut und uneinheitlich, lässt sich nur schwer in eine Schublade stecken.

Besonders gut kann man der buntdisparaten Stadtteil-Identität an einem Mittwochmorgen auf dem **Wochenmarkt an der Place de Zurich** nachspüren. An den Ständen werden Gemüse, Käse, Wurst, Brot und Blumen verkauft, ein wahrer Nachbarschaftsmarkt wie in der guten alten Zeit der französischen Esskultur, als es noch keine Hypermarchés und Tiefkühlkost gab.

Bars mit Flussblick

Der Spaziergang beginnt am Ill-Kai mit seinen bunt gestrichenen alten Fachwerkhäusern. Bars, kleine Restaurants und Geschäfte nutzen die gute Lage. Die ›wässrige‹ Atmosphäre kommt besonders gut auf dem ehemaligen Flusskahn Le Rafiot herüber. Mit Blick auf die neogotische Kirche St-Paul, umgeben von glucksenden Wellchen, schlürft man auf dem Deck seinen Kaffee, lutscht sein Eis. Nachts verwandelt sich diese frisch renovierte Institution des Straßburger Studentenlebens in eine DJ-Bar. Daneben laden noch zwei weitere Flusskähne Partygänger ein (s. S. 67).

Auf der anderen Straßenseite laden eine Kaffeebar, ein Nudelrestaurant, das preiswerte Bistro ›Stoc den Broc‹ mit Flohmarktatmosphäre sowie der Schmuckladen Gaia zum Verweilen ein. Möchten Sie Alsatia-Stiche von Raymond Waydelich zu erschwinglichen

Preisen kaufen: kein Problem in der Galerie L'Estampe (s. S. 56).

Versteckte Schönheiten

Von der Place du Corbeau, wo viele Brasserien und Cafés ihre Tische aufgestellt haben, führt ein winziger Gang – als Wegweiser dient die Rabenfigur an der Hausecke – zur **Cour du Corbeau,** dem Rabenhof aus der Renaissance. In dem ziemlich vernachlässigten Fachwerkgebäude mit Holzgalerien um einen Innenhof schnarchten im 16. Jh. gekrönte Häupter. An der Rue des Couples steht das **Hôtel des Couples** aus dem 18. Jh. Das Rokoko-Adelspalais ist ein ansehnliches Beispiel für den dezenten Charme dieses Viertels.

Heiße Partyadressen

Alles andere als aristokratisch-zurückhaltend, vielmehr heiß, eng, in grellen Farben bemalt und laut ist es in der **Bar L'Elastic** in der Rue des Orphelins (s. S. 66), vor allem in der Kellerdisco mit ihrer psychodelischen Deko. Das Elastic, eine der bizarrsten Partyadressen in Straßburg, hat ab 17 Uhr geöffnet, doch zu dieser frühen Zeit nimmt man erst mal einen Apéro oder einen Café.

Kleine-Leute-Viertel

Die lang gestreckte, beschauliche Place des Orphelins verkörpert das unaufdringliche Fluidum der Krutenau recht gut: ein Kinderspielplatz in der Mitte, kleine Geschäfte wie ein nordafrikanischer Lebensmittelladen und eine Stadtteilbäckerei drum herum, Leute, die herumsitzen, einkaufen …

Für durchschnittlich 17 € gibt es im gemütlich-rustikalen Restaurant **L'Ancienne Chapelle** (s. S. 39) ein leckeres Essen. In der ›alten Kapelle‹ huldigt man der Küche Südwestfrankreichs auf eine deftig-authentische Weise.

Der Fuchs predigt

Die Rue de Zurich bildet die breite Hauptarterie des Viertels. Da hier einst der Rheingiessen, ein im 19. Jh. zugeschütteter Kanal, verlief, wird sie von Mietshäusern des 19. Jh. gesäumt – die ›pittoresken‹ Teile Straßburgs mit Fachwerkhäusern und schmalen Gassen liegen eindeutig auf dem anderen Ill-Ufer. Wenn es Fachwerk gibt wie beim rustikalen Restaurant **Au Renard Prêchant** (s. S. 47), dann wirkt es eher vereinsamt, wie stehen geblieben inmitten von planen Flächen und modernen Mietshäusern.

Der den Enten predigende Fuchs aus den Fabeln La Fontaines, der dem Restaurant und der kleinen Straße den Namen gab, inspirierte übrigens einen unbekannten Widerstandskämpfer in der Nazi-Zeit, die Straße in ›Dr. Göbbels-Straße‹ umzutaufen.

In den Sonnenaufgang feiern

Im **Rock City** in der Rue des Poules (s. S. 67) geht es vom Boden bis zur Decke rockig zu: Man kann Billard oder Darts spielen, Konzerte und Themenabende besuchen und sich bei kleinen Snacks für die lange Nacht stärken, denn dieses Urgestein des Straßburger Studentenlebens hat bis 7 Uhr morgens geöffnet. Wer angesichts von Biermaßen von 1- und 1,5-Liter nicht schlapp macht, kann also hier dem Sonnenaufgang entgegenfeiern.

Tour-Info

Dauer: ein halber Tag und/oder eine ganze Nacht.
Länge: ca. 3 km.
Beste Zeit: Mi morgens, wenn der Wochenmarkt der Krutenau stattfindet.

Tour 3

Infotainment im Wissenschaftszentrum Le Vaisseau

Mit der Familie zu den Tempeln des Wissens

Diese Tagestour führt zu den naturwissenschaftlichen Museen des wilhelminischen Universitätsviertels, zum brandneuen Kinder-Wissenschaftszentrum ›Le Vaisseau‹ und mit der Tram in die Innenstadt zu gepflegtem Shopping mit dem Nachwuchs. Sie eignet sich nicht nur für Familien mit Kindern, sondern auch für naturwissenschaftlich Interessierte jeden Alters.

Zoologisches Museum

Das Naturkundemuseum Musée Zoologique wurde genau wie die wilhelminische Universität zum Ende des 19. Jh. gegründet, als das Interesse an den Naturwissenschaften institutionalisiert wurde. In dem stattlichen historistischen Gebäude des Architekten Otto Warth von 1893 gilt es eine der umfangsreichsten naturkundlichen Sammlungen Frankreichs zu entdecken. Das Naturalienkabinett Jean Hermanns (1738–1800), der Grundstock des Museums, wurde komplett mit seinem Schöpfer (in diesem Fall eine Puppe) rekonstruiert. Hunderte ausgestopfter Tiere entführen in die Fauna der Antarktis, der Anden, Afrikas. Gorillas, Löwen, Walrösser, riesige Bären und winzige Spitzmäuse und das ›lebende Fossil‹ des Quastenflossers schauen den faszinierten Betrachter aus altmodischen Vitrinen heraus an (s. S. 97).

Ein Blick in die Sterne

Auch das Planetarium stammt aus dem letzten Drittel des 19. Jh. Hier kann Jung und Alt einen Blick ins Universum werfen. Im großen Planetariumsaal laufen einstündige Vorstellungen, auch in Deutsch und für verschiedene Altersstufen. Das konkrete Programm finden Sie auf der Website http://planetarium.u-strasbg.fr. So reist man z.B. mit der Sonde Cassini-Huygens durchs All, vom Anspruch her durchaus für erwachsene Sternenlaien geeignet. In der **›Sternenkrypta‹** erlauben verschiedene Multimedia-Installationen die Erkundung des Weltalls, und unter den ausgestellten historischen astronomischen Apparaten sticht das Astrolabium des Abu Behr Ibn Yussuf von 1208 hervor.

Vor oder nach einer *séance* kann man eine halbstündige Führung in die phantastische **Große Kuppel** der Sternwarte mitmachen, in der unter der automatisch zu öffnenden, 34 t schweren Metallkuppel der drittgrößte, 7 m lange astronomische Refraktor Frankreichs steht (s. S. 98).

Zur Entspannung bietet sich ein Bummel durch den angrenzenden **Botanischen Garten** an.

Le Vaisseau – die Erkundung der Welt

In den letzten Jahren entstanden in den Metropolen der Welt viele Wissenschaftszentren für Kinder – das vielleicht spannendste und intelligenteste eröffnete 2005 im Straßburger Hafenviertel. Es vollbringt das Wunder, Drei- und 15jährige zugleich zu fesseln. Die Kleinen setzen sich in einen Känguru-Beutel, schlüpfen in einen Skorpion, um mit dessen Scheren zu klappern, arbeiten mit gelben Helmen auf dem Kopf in der Baustelle.

Die jungen Erwachsenen bedienen Computer, sprechen nach einem Teleprompter Nachrichten oder fliegen auf einem Teppich durch einen Blue Screen. Sehr beliebt ist die Planschstation, gelbe Schürzen schützen vor übermäßigem Wasserkontakt. Unter einem echten Ameisenhügel hindurchzukriechen, sich mit historischen und verrückten Frisuren zu schmücken und mit Rollstuhl, Krücken oder Gipsarm einen Parcours zu bewältigen, ist a) lehrreich und b) witzig.

Hier wird die rechte Balance zwischen spielerischem Lernen und Toben gefunden – auch auf dem Außengelände mit Sinnespfad und Gärtnerhaus. Die Cafeteria bietet kindgerechte Speisen, z. B. Baguettes mit frischer Füllung (Mi, Sa, So und während der Schulferien 11.30–17.30 Uhr). Viele der Spielzeuge zum Erkunden und Selbermachen im Shop kennt man so in Deutschland nicht (s. S. 98).

Konsumrausch in der Innenstadt

Im Gässchengewirr südlich der Place Kléber liegt, versteckt wie ein Osternest, ein Einkaufparadies für Kinder. Le Bilboquet heißt der mit Spielzeug vollgestopfte kleine Laden, benannt nach einem Geschicklichkeitsspiel, bei dem eine Holzkugel mit einem spitzen Stock aufgefangen werden muss. Aus Holz ist hier viel, das ist Programm, doch kennt man keine fundamentalistische Scheu vor Tierchen aus Plastik und rosafarbenen Ponies, solange sie qualitativ hochwertig sind (s. S. 57).

Qualität und Holz sind nicht wirklich wichtige Punkte in der Geschäftsphilosophie von Fiesta Republic zwei Häuser weiter, wo es Partykostüme für Kinder und Erwachsene vom Piraten bis zum Vampir gibt. Nicht zu übersehen ist, dass der Schwerpunkt auf dem Grusel liegt. Wirklich schaurige Mumien, Zombie-Clown-Masken und ausgestopfte Ratten können als guter Ersatz für das in Straßburg bislang fehlende Horrorkabinett herhalten (s. S. 57).

Noch Appetit? Wenige Schritte weiter in der Epicerie stopft man auch mehrere hungrige Mäuler mit den Euros, die nach dem Besuch der Läden noch übrig sind (s. S. 39).

Tour-Info

Dauer: ein Tag.
Länge: Vom Planetarium zum Vaisseau ein guter Kilometer, vom Vaisseau in die Innenstadt zwei gute Kilometer, aber jede Strecke fährt die Tram, und von den Haltestellen sind es nur wenige Hundert Meter insgesamt.
Verkehrsverbindungen: Beginn: Tram C und E, Haltestelle Universités. Vom Observatoire weiter zum Vaisseau, Haltestelle Winston Churchill. In die Innenstadt: Tram C und E eine Haltestelle weiter bis Landsberg, umsteigen in Tram D, bis Homme de Fer. 4,80 € mit einem Trio-Ticket der Straßburger Verkehrsbetriebe (s. S. 24).

Tour 4

Kunst für Durchblicker – Balkenhols Baum im Parc de Pourtalès

Kunst per Rad

Fahrradtour in den Parc de Pourtalès

Straßburg ist aufs Rad gekommen. In keiner anderen Stadt Frankreichs werden so viele, nämlich 15 % aller Verkehrswege, mit dem *vélo* zurückgelegt. 1998 erhielt die ›Metropole des Fahrrads‹ die vom französischen Fahrradverband verliehene ›Goldene Lenkstange‹ für das ausgedehnte, immer noch wachsende Radwegenetz, preiswerte Verleihstellen, sichere Fahrradparkhäuser *(véloparks)* sowie zahlreiche Initiativen wie Fahrradbörsen und das Fahrradfest im Juni.

Orientierung

Unsere Fahrradtour von ca. 19 km führt durchgängig auf Radwegen zu einigen spannenden modernen Kunstobjekten, mit denen die Europastadt sich geschmückt hat. Sie verläuft durch das Universitätsviertel und die Orangerie zum Parc de Pourtalès und an den Kais gegenüber dem Hafen zurück in die Innenstadt. Der erste, ca. 5 km lange Teil eignet sich, wenn man vom Jardin Botanique zurück zur Kathedrale geht, auch als Spaziergang. Im Restaurant Le Jardin du Pourtalès (s. S. 42) kann man sich mit traditioneller, preiswerter regionaler Küche stärken.

Waydelich gibt den ›Archäologen der Zukunft‹ Arbeit

Nachdem man an der **Rue des Bouchers** die Räder gemietet hat (s. S. 17), fährt man die paar Schritte zur **Place de la Cathédrale.** Eine in den Boden eingelassene Platte zwischen dem Südportal der Kathedrale und dem Palais Rohan erinnert an die Aktion ›Mutarotnegra‹ (Argentoratum rückwärts gelesen), ein typisches Beispiel für die witzig-hintergründigen Inszenierungen des elsässischen Künstlers Raymond Waydelich. Erst im Jahre 3790 darf die am 2. September 1995 verfüllte Betongruft von ›Archäologen der Zukunft‹ geöffnet werden, die dann Objekte wie eine Platte des Liedermachers Roger Siffer von der Choucrouterie (s. S. 46) und eine blaue Weinflasche des Winzers Jean-Claude Beck ausgraben werden.

Stühle vor der Stadtverwaltung

Über die Ill, durch die Krutenau und über den Canal de jonction gelangt man zum Straßburger Bürgermeisteramt, dem **Centre Administratif** an der Place de l'Etoile. Robert Stephans totemartigen 16 Stühle evozieren hohe Vogesenbäume oder die Säulen eines Tempels. Wer mag auf ihnen sitzen?

Weiter auf dem Fahrradweg entlang den Hafenkais, bis man links ins moderne Universitätsviertel im Stadtteil Esplanade, von den Straßburgern ›Klein New York‹ genannt, einbiegt. Drei der fließenden, zwischen vegetativen und architektonischen Formen changierenden Plastiken von Jean Hans Arp an der Avenue du Général de Gaulle locken zum Anfassen. Die ganze Straße wird von modernen Skulpturen auf rot-blau-gelben Bänken gesäumt, die die eher triste Umgebung auflockern.

Garten-Kunst

Der Radweg führt weiter ins alte Universitätsviertel, wo Mac Adams an Blumen erinnernde Installation ›Meditation‹ am **Jardin Botanique** (Botanischer Garten) von Mai bis Juli ihren Schatten wirft. Wir radeln nun auf dem linken Ill-Ufer, über die Fußgängerbrücke Passerelle Ducrot und durch den **Parc de l'Orangerie,** vorbei an Patrick Bailly-Maître-Grands Sternenpavillon ›Diebischer Brunnen‹, der die Tradition kleiner Lauben im englischen Garten aufnimmt. Der ganze Orangerie-Park ist gespickt mit moderner Kunst – absteigen lohnt sich.

Hasen, Zwerge und Baum-Eingeborene

Nun geht es über den Canal de la Marne au Rhin in den **Parc de Pourtalès.** Die Kunstwerke dieses Skulpturen-Parks visualisieren die Beziehung Mensch-Natur wie Barry Flanagans humoriger ›Kricketspieler‹, ein heiter tänzelnder Hase aus Bronze. Durch Stephan Balkenhols ›Durch den Baum‹, die Reste eines gewaltigen Bubinga-Baums, kann man hindurchgehen, während Jean-Marie Krauths 137 nur 13,5 cm große Bronzezwerge sich an der Dreiwegekreuzung unter einer Eiche im Laub verstecken; Titel der Installation: ›Ihr Ort‹.

Geheimnisvoll und chamäleongleich getarnt sind auch Ernest Pignon-Ernests teils menschliche, teils pflanzliche ›Arbrorigènes‹ (›Baum-Eingeborene‹), acht Baumkletterer aus einem speziellen Polyurethan, das fotosynthetisieren kann. Claudio Parmiggiani hat 15 bronzene Riesenohren wie antike Stelen aufgestellt, Zeichen für Sensibilität und Kommunikation. Und Sarkis baute einen Atelierpavillon aus buntem Glas neben einen verbrannten Baumstumpf.

Berühmteste Dame des **Pourtalès-Schlosses** war Herzogin Mélanie de Pourtalès: Sie war für ihre Schönheit und Gastfreundschaft bekannt, und so kamen viele Berühmtheiten in den Straßburger Norden, Franz Liszt, Albert Schweizer, Napoleon, König Ludwig von Bayern. Heute werden einfache und Zimmer im Schloss vermietet

Beim Rückweg biegt man am Pont de la Porte-du-Canal auf den Fahrradweg entlang dem **Bassin des Remparts** ab, der Ausblicke auf den Hafen ermöglicht. Nach dem Parc de la Citadelle hat man einen guten Blick auf die Anfänge des postmodernen Hafenviertels, das auf dem gegenüberliegenden Ufer entsteht.

Tour-Info

Dauer: reine Radelzeit ein halber Tag, mit Pausen ein Tag.
Länge: 19 km.
Fahrradverleih: s. S. 17
Busfahrt: Tram C bis Observatoire, dann Busse Nr. 15 und 15a bis Lamproie, ca. alle 15 Min.
Mit Kindern: Auf dem Rückweg kann man einen Besuch des Naviscope und des Spielplatzes im Parc de la Citadelle anschließen.

Tour 5

Verlockend glitzern die Braukessel – Brasserie de la Lanterne

Hopfenkult im Rebenland

Dem Bier auf der Spur

Wer in einer Straßburger Winstub ein Bier bestellt, begeht keinesfalls ein Sakrileg. Denn das Weinland Elsass ist Frankreichs größte Bier produzierende Region. 60,8 % der nationalen Produktion stammen aus den elsässischen Brasserien: Karlsbrau, Meteor, Kronenbourg, Fischer, Heineken und Schutzenberger.

Bierbrauerstadt Schiltigheim

Fischer, Heineken und Schutzenberger produzieren in Schiltigheim nahe Straßburg, Heineken öffnet die Pforten für Besucher, die dort teils imposante Industriearchitektur vom Ende des 19. Jh. bewundern und deren Erzeugnisse verkosten können. Die Brauereihalle ist mit Mosaiken und Buntglasfenstern geschmückt (Besuchszeiten s. S. 85f.). Schon von der Autobahn sieht man die hohen Gebäude und stolzen Schilder der Bierbrauerstadt aufragen. Für Touristen ist das ziemlich graue und nicht sonderlich adrette ›Schilick‹, elsässisch für Schiltigheim, nicht sonderlich besuchenswert, auch wenn es einen Rundgang ›Sentier du Männele‹ (und mit Serge & Co ein exzellentes Restaurant) in der Brauereimetropole gibt.

Brauerei Kronenbourg

Tun wir es den 250 Bierbrauern im Straßburg des 19. Jh. nach, die, um ihr Bier in großem Stil industriell herstellen zu können, nach und nach aus dem Stadtkern an die Peripherie zogen. Von der Haltestelle Ducs d'Alsace der Tram A sieht man die **Brasserie Kronenbourg** bereits, und nach einem Gang von knapp zehn Minuten steht man im noblen Foyer und darf an der kostenlosen Führung teilnehmen (s. S. 85).

Zunächst zeigt ein Film, dass Kronenbourg auf dem neuesten Stand der Brauerei-Hightech steht und ein jugendlich-dynamisches Image pflegt: »Une Kro, s'il vous plaît!«, lautete ein bekannter Werbespruch. Anschließend wird man durch die unterirdischen, modrig-feuchten Ziegelsteingewölbe mit riesigen Holzfässern und dem historischen Eishaus geführt, dann in eins der Sudhäuser mit den gigantischen Kupferbraukesseln und zu guter Letzt in die hypermoderne Fermentieranlage, in der es aussieht wie in einer Erdölraffinerie. Lohn des eineinhalbstündigen Rundgangs ist schließlich der Probetrunk.

Im ›Bierdorf‹

Wieder zurück in der Innenstadt, geht es ins **Village de la Bière** in der Rue des Frères 22, wo sich Studenten für ihre Parties eindecken und Touristen ins

Staunen geraten. Weihnachtsbiere, elsässische Biere, belgische Starkbiere wie das neunprozentige ›Delirium tremens‹ oder sexistische wie das ›Sans Culottes‹, dessen Etikett eine nacktarschige Dame zeigt – über 400 Biersorten sind im Angebot, also weniger ein Dorf als die ganze Welt des Biers.

In der Impasse de la Bière soll Arnoldus Cervisarius 1259 die erste Straßburger Brauerei gegründet haben – vorher war Bierbrauen Frauensache und erledigte sich am heimischen Herd. In der 1795 gegründeten Brasserie ›A la Cloche‹ in der Rue des Sœurs schenkt heute die Bar **Les Aviateurs** (s. S. 66) Guinness aus.

Zu den Brauern

Ein handwerkliches, ›echtes‹, im Gegensatz zum Industriebier nicht pasteurisiertes Bier – Brute de Brasserie – braut die Micro-Brauerei **Les Brasseurs** (s. S. 65). Sie steht wie ihr Vorgänger, die 1746 von Jean Hatt gegründete Brasserie L'Espérance, mitten in der Innenstadt, in der Rue des Veaux 22. Am Eckstein des Gebäudes sieht man um das Hattsche H einen sechszackigen Stern. Dieses Alchemistenzeichen ist seit dem Mittelalter das Zeichen der Brauer. Es symbolisiert die vier Elemente Feuer, Wasser, Luft und Erde und die ´magische´ Transformation, die der Brauer mit ihnen vornimmt. Frisch aus dem kupfernen Braukessel in dem schummrigen Lokal fließt das obergärige Bier in die Gläser – gesund, wenn man den Produzenten glauben darf, da reich an Vitamin B1, B2 sowie B12. Zeit, einen Flammkuchen oder einen Salat unter den Hopfengirlanden zu lunchen. (Was der Brauer verschweigt, ist die Tatsache, dass Phytoöstrogene im Hopfen zu ›weiblichen‹ Wassereinlagerungen auch im männlichen Körper führen.)

Bierbrauen damals und heute

Auch die geistlichen Herren Domkanoniker brauten vom Mittelalter an ihr eigenes Bier, und bis 1852 wurde es von den Wächtern der Domplattform in luftiger Höhe ausgeschenkt. Vorbei an der **Winstub Zuem Strissel** (s. S. 45), auch sie von 1633 bis 1840 eine Brauerei, geht es zur Place du Corbeau 4, wo Jérôme IV. Hatt 1664 die Brauerei ›Zum Carthaun‹ gründete – die Urmutter der Brasserie Kronenbourg.

Micro-Brauerei Zur Laterne

Eine ›Giraffe‹ – 1 l unpasteurisiertes, ungeklärtes, obergäriges Bier, vor Ort gebraut –, knusprige Bruschettas, eine schlichte Einrichtung mit viel Holz und eine lockere Atmosphäre erwarten einen in Straßburgs zweiter Kleinbrauerei, der **Brasserie de la Lanterne** in der gleichnamigen Straße Nr. 5 (Öffnungszeiten s. S. 65).

Straßburg hat aber noch andere originelle Bierbars. Am Rande der Petite France liegt die rustikale, viel von Studenten besuchte **Académie de la Bière** (s. S. 63). In dem dunkelholzigen Interieur werden 70 Biersorten, ausgefallene Biercocktails und deftige elsässische Speisen angeboten. Und man hat von 11 bis 4 Uhr morgens geöffnet!

Tour-Info

Dauer: ein halber Tag und ein ganzer Abend.
Länge: 3,5 km zu Fuß.
Tramfahrt: Tram A von Homme de Fer nach Ducs d´Alsace.
Bierfest: Anfang August feiert Schiltigheim sein Fête de la Bière, wobei man die Gründerzeit atmosphärisch herzustellen versucht, Tel. 03 88 83 90 00.

Register

Bildnachweis/Impressum

Ihre Anregungen greifen wir gern auf – schnell und unkompliziert.
DuMont Reiseverlag, Postfach 3151, 73751 Ostfildern, E-Mail: info@dumontreise.de,
Internet: www.dumontreise.de

Bildnachweis:
Titel: Rue Mercière vor der Fassade der Kathedrale
Vordere Umschlagklappe: Europäisches Parlament
S. 1: Bäckerfigur am Café Winter
S. 6/7: Performance-Künstler vor der Kathedrale
S. 26/27: Schnappschuss in der Petite France
S. 106/107: Detail der Kathedralfassade

Fotografen:
Manfred Braunger (Freiburg): S. 78, 80, 84
Ralf Freyer, Bildarchiv PanDia (Freiburg): S. 1, 6/7, 8, 9, 10, 12, 26/27, 28, 36, 52, 54, 59, 64, 72, 89, 92, 97, 100, 102, 106/107, 110, 114, 116
laif (Köln): S. 62 (Andreas Fechner), 43, 75 (Max Galli), 70 (Hemispheres), 104 (Martin Kirchner), Titel, 68, 82, 86, 108 (Manfred Linke), 2/3 (RAPHO), vordere Umschlagklappe, 14 (REA), 44 (TOP),
Susanne Tschirner (Bonn): S. 33, 48/49, 112

Kartografie: DuMont Reisekartografie, Fürstenfeldbruck

2., aktualisierte Auflage 2008

Grafisches Konzept: Groschwitz, Hamburg
Druck: Rasch, Bramsche
Buchbinderische Verarbeitung: Bramscher Buchbinder Betriebe